高效会议怎么开

方法、技巧与场景案例

王琳 / 著

图书在版编目（CIP）数据

高效会议怎么开：方法、技巧与场景案例 / 王琳著.
北京：机械工业出版社，2024．8．-- ISBN 978-7-111
-76152-5

Ⅰ．C931.47

中国国家版本馆 CIP 数据核字第 202422UQ65 号

机械工业出版社（北京市百万庄大街 22 号　邮政编码 100037）
策划编辑：张　楠　　　　　责任编辑：张　楠
责任校对：龚思文　李　杉　　责任印制：郐　敏
三河市宏达印刷有限公司印刷
2024 年 9 月第 1 版第 1 次印刷
147mm×210mm・7.125 印张・140 千字
标准书号：ISBN 978-7-111-76152-5
定价：59.00 元

电话服务　　　　　　　　　网络服务
客服电话：010-88361066　　机　工　官　网：www.cmpbook.com
　　　　　010-88379833　　机　工　官　博：weibo.com/cmp1952
　　　　　010-68326294　　金　书　网：www.golden-book.com
封底无防伪标均为盗版　机工教育服务网：www.cmpedu.com

FOREWORD
>>>> 推荐序一

通过高效开会提高企业经营管理能力

开会是企业最常见的工作方式之一,就像我们每个人每天都要吃饭、睡觉一样,但是往往"日用而不知",容易被忽略。而对于一个人的健康最重要的就是吃饭和睡觉,吃得好、睡得好的人通常比较健康。开会也是一样,开会占据了企业30%~50%的工作时间,管理者层级越高,开会频率越高,时间越长。很多职场人都感到开会效率低下、浪费时间,但又避免不了要开会。开会能反映企业管理运营的效率,开会高效的企业,沟通效率和决策效率都比较高。从开会的视角去透视企业管理也能带来一些新的思考。

管理即沟通。企业的经营活动是社会化大分工在企业层面的体现,通过有限的人员、设备和原材料生产出丰富的产品和服务，通过人员之间的分工和协同，创造出更大的价值。有效的分工与协同离不开沟通，沟通的水平和效率决定着企业的经营管理水平。"大企业病"通常由于组织人员规模的庞大，导致沟通成本急剧升高，人员越多，有效沟通的难度越大。所以开会就成为职场沟通最普遍的形式，如何有效地开会就是如何有效地进行一对多、多对多的沟通。正如本书提到的，提高开会效率的方法是用小范围的会议简化大规模的会议，用一对一的沟通简化小范围的会议。

管理即决策。如同每个人每天要做出各种决策，企业经营管理也需要做出各种决策，小到一项工作要不要开展、如何开展，大到战略选择、技术路线、新品开发。所谓决策，就是选择对的事情去做。一家企业的决策水平同样可以反映这家企业的管理水平，虽然不是所有的决策都通过会议做出，但是有效的决策都需要通过信息的获取、方案的论证了解相关人员的想法和建议，并通过合理的程序做出。好的决策是"听取大部分人的意见，一部分人来讨论，少部分人做决策"，一部分决策是通过会议得出的，另一部分决策是通过听取群体讨论意见后由决策者做出的。有效的会议沟通和讨论对高效决策必不可少。本书中会议决策的方法也适用于很多企业的经营决策。

管理即执行。执行是企业经营管理活动的最后一公里，任何好的经营思路、方针、决策都是通过执行实现的。高效的执行离不开高质量的决策。很多企业执行力不够，一部分原因是决策质量不高，在决策的过程中没有经过充分的讨论，没有达成共识，没有对执行过程中需要的资源进行合理配置，没有讨论清楚执行的策略，没有对执行过程中的阻力和风险进行预案，结果执行力大打折扣。"执行力不等于执行"，一个有执行力的团队，需要对要执行的事项有充分的认知，对它的价值和目标很明确，对执行过程中出现的问题有很好的理解，能够及时反馈和寻求团队支持，并提出解决方案，而这些都需要理解和共识，需要团队的沟通和协作，也离不开高效的会议。

企业的经营和管理提升没有任何捷径，只能通过持续地沟通、决策和执行，并不断地总结经验教训来改进提高，就如同维持一个人的健康并没有特效药，而是需要养成良好的生活习惯并坚持。开会只是企业经营管理中的一个环节，却是比较基础的环节。对于如何减少不必要的会议的召开，如何有效准备会议，如何高效召开会议，以及如何开好常见的会议，本书均有一些实用的方法和案例。希望本书在帮助企业提高开会能力和效率上对读者有借鉴和启发。

华夏基石管理咨询集团领衔专家
中国人民大学中国资本市场研究院高级研究员
施炜
2024年3月6日于北京

FOREWORD
推荐序二 〉〉〉〉

企业管理需要练好基本功

很多企业每天都开会,企业越大,开会就越多,管理人员层级越高,要处理的工作越多,参与的会议也就越多。很多企业高管一个会接着一个会,几乎没有独自处理工作的时间。除了会议数量繁多,会议效率低下也是普遍存在的问题,"会而不议,议而不决,决而不行"成了很多企业真实的工作写照。

为了解决会议效率低下的问题,西方一些著名的企业像IBM、3M等曾经开展过"会议革命",中国各级部门为了减少"文山会海"的问题,近些年也积极开展"无会日"的尝试。关于开会,很多企业也有不错的实践探索,三星就曾经在李健熙的引领下通过"会议革命"极大地提升了企业经营管理的效率,日产汽车靠着有效的会议革命,3年内省下300亿日元。亚马逊要求参会人用 15 分钟集体默读会议材料并提出自己的观点后再开会，这种做法已经为国内很多互联网企业学习借鉴，起到了很好的效果。美国和日本关于如何开会这个主题的研究和图书比较多，而国内相对较少，希望这本书能够为我国企业提高开会效率提供一些有效的方法和参考。

中国过去 40 年处在高速增长的阶段，时代的红利掩盖了经营管理基本功的欠缺。而当中国的发展进入"新常态"之后，外部环境的不确定性增加，各行各业都面临激烈的竞争，提升经营管理能力、锻炼自身的基本功则显得尤为重要。经营管理的核心并不在于追求"奇招""妙招"，部分中国企业曾经热衷于学习西方管理的概念、工具、方法，但是有的企业囫囵吞枣，消化不良，反而是一部分把自己朴素的经营哲学和理念一以贯之、身体力行的企业取得了不错的成绩。如同我在"简约商业思维"里面提到的，企业经营管理要"把握本质、遵循常识、聚焦关键"，把基本功做扎实，而如何开好会则是每家企业应该锻炼的基本功之一。

本书的逻辑和思路比较清晰，按照开会的策划准备、讨论和决策、会后执行展开。我觉得最值得关注的是会议的目标设定、会议如何主持和讨论。很多会议低效都是由于会议目标不清或者目标设置有问题。在会前明确会议目标可以减少一些不必要的会议，也可以让会议讨论更加高效和精简。而如何主持和讨论则是会议的核心，一个称职的会议主持人能够引导参会人进行充分的讨论，总结大家的共识，引导大家达成会议目标。参会人掌握一些发言、讨论的基本方法和技巧则能避免"会而不议"，如没人发言、不知道如何发言和发言离题、跑题的常见问题。

　　开会也是提升领导力和沟通能力的途径，各级管理者大部分时间都在开会，很多工作也是在开会的过程中沟通、讨论和决策的，管理者可以通过开会来解决问题、统一认知、部署工作，进而提升自己的领导力。而员工也可以在开会中锻炼自己的沟通表达能力，展示自己的思路和建议，让自己脱颖而出。开会可以反映一家企业的企业文化是开放还是保守，是隐藏问题还是暴露问题，是大胆建言还是谨言慎行，以及是不是有成果意识。反过来，通过良好的会议文化的塑造也可以提升干部团队目标导向、问题导向、勇于担责的意识。

　　企业经营管理能力的提升更多的是靠"行"，而非"知"，"知"只是帮大家提供了基本的方法、工具和思路，只有通过"行"，才能在实践中总结提升。

清华大学教授
中关村龙门投资有限公司董事长
徐井宏
2024年1月2日于北京

PREFACE
>>>> 前言

每个管理者都需要学会如何开会

在一次从上海到宁波的高铁上,我用2个小时看完了《贝佐斯如何开会》,被其中简单高效的开会方法所吸引,于是总结其中的要点,随手发了一个朋友圈,得到很多朋友的点赞。由此我发现大家对于开会问题都比较关注。开会是一个老生常谈的话题,每个职场人几乎每周都要面对各种会议,但是大部分会议都冗长而低效,让人提不起劲头,不但没有解决问题,反而浪费了工作时间。我开始关注开会这个话题,并逐渐萌生了写一本书的想法。

作为一个企业管理咨询顾问,我会针对企业发展和经营管理中遇到的问题,通过调研访谈、案例研究,提出解决方案,进行汇报。这些工作很多都会涉及开会,比如需求沟通会、项目启动会、阶段性成果汇报会等。后来我从咨询公司到了甲方，参与企业的实际工作，也避免不了要开各种会：部门内部会、跨部门会、专项工作会、例会、高层工作汇报会……

开会本应该成为一种高效率的沟通方式，通过一对多或者多对多的方式，沟通信息，讨论问题，提出对策，做出决策，部署工作。但有效的沟通需要一定的方法和技巧才能实现。一对一沟通会遇到各种问题，多对多沟通的难度和复杂度更大，加上企业文化不同、问题的难度不同、参会人立场和关注点不同，这些都使得召开一个高效的会议变得更加困难，导致"会而不议，议而不决，决而不行"。

于是我对开会的各个环节进行思考和研究，也参考一些开会相关的书进行学习，并且把自己关于开会的案例和经验记录下来，积少成多、集腋成裘，最后终于形成了这本书。本书的目的是让管理者读完后，参考书中的方法和技巧，经过适度的练习，就能够提高开会能力，解决开会中常见的问题，比较高效地组织和参与各类会议。

本书也是以问题解决式的思路来展开的。

第1章讲述开会中常见的痛点问题以及开会本身不可替代的价值，并且说明了各种会议的分类和特点。不同的会议特点不一样，面临的问题不同，解决思路也不同。

第2章根据会议召开的时间线，从会前、会中、会后讨论了会议的策划（会议的目标、议程设置、参会人、准备会议材料）、会议的召开（如何主持、如何汇报、如何发言和讨论、如何决策、如何记录）、会议决议事项的执行落地，介绍了如何高效地策划、召开会议。

第3章针对不同的会议类型，运用第2章提到的方法，单独讨论某一类会议应该如何召开，包括绩效沟通会、部门周例会、头脑风暴会、经营分析会、战略研讨会，基本涵盖了企业经营管理中的典型的会议，从一对一到多对多，从部门级、跨部门到企业级，从例会到专题会，从日常经营到战略决策，从小型会议到大型会议，从非正式会议到正式会议，从常规会议到关键会议。如果能掌握这些会议的方法要点，对其他的各种会议也能触类旁通，掌握要领。

第4章则针对当下一些开会的创新做法进行介绍，并探讨了智能化时代开会的演变趋势和发展方向。开会本质上是一种群体沟通，沟通本质上是一种方法和技术，技术的不断进步将会不断重塑企业经营管理的方式，包括开会的方式。对于企业和组织来说，需要主动拥抱新技术，人类社会的进步本质上是思想观念和技术的进步。

德鲁克认为，管理本质上是一门实践，而不是一门科学。对于开会的方法也同样适用，研究者可以从各个细分学科——如企业文化、群体心理学、决策科学等——去研究开会，但最终如何有效地开会，则需要对一些简单有效的方法和规则进行反复的实践，锻炼出自己关于开会的技巧和能力。

对企业来说，高效地开会将会提高整个企业管理和运营的效率，让管理层的时间和精力聚焦于重点工作和需要解决的核心问题，聚焦于创造更大的增量价值。

对管理者来说，有效地组织、策划和主导会议，可以让自己所负责的各项工作富有条理，纳入常规化的管理机制，做到管理过程可视化、管理活动成果化，有效提升管理者的领导力。

对个人来说,开会是一个很好的训练思维能力、书面写作能力、语言表达能力、沟通能力的途径和方法,也可以通过开会表达个人的建议和思路,展示自己的能力,扩大自己的影响力,这对于个人职场成长和晋升有很好的帮助。

本书从开始思考和策划,到动手写作,再到最后完稿,经历了3年的时间。

本书的完成,离不开一起工作过的同事和领导,离不开咨询项目中的客户。正是和你们的一次次沟通和研讨,你们给予的各种反馈、建议和指导,才能让我的工作更加富有成效,让会议和沟通变得更加高效,让我不断成长和进步,感谢你们!

本书也离不开朋友的鼓励和家人的支持,写书的过程也是一个学习研究、思想迭代和自我对话的过程,也会遇到各种困难、迷茫、低谷。朋友的鼓励让我有责任去兑现这个承诺,而家人的支持让我有一个宽松自由的写作环境,去做深入的研究和深度思考,感谢你们!

感谢施炜老师和徐井宏老师为本书作序,两位老师关于管理的理论和思想对我启发很大,你们的推荐序也为本书增色不少。

感谢博雅新材料的王宇总经理和精亦诚咨询的刘欣老师为本书写推荐语。本书中的开会方法在博雅进行了实践,帮助博雅在经营管理上进行持续的改进和提升。刘欣老师对美的经营管理方法的总结、思考和实践对我有很大启发。

最后感谢机械工业出版社各位编辑老师的协助、指导和审校工作,你们的工作让这本书得以最终与读者见面。

书中提到的一些方法和技巧其实并不复杂，只需要读者将这些方法应用到日常工作中。查理·芒格说过："一辈子做对两件事情就可以很富有，一是寻找什么是最有效的，重复它；二是发现什么是无效的，避免它。"对于开会也是一样，如果读者能从本书中学习到 10 个方法并且应用到日常工作中，那将是本书的最大价值。

同时，知识更新迭代的速度越来越快，如果读者根据本书的一些内容，形成自己对于开会沟通独特的方法和认知，有新的方法不断迭代，那也将是本书产生的点滴价值，改编木心说过的一句话送给读者：

"我只是一片不长的沙滩，而你们可以经过这里走到大海。"

CONTENTS 目录 》》》》

推荐序一　通过高效开会提高企业经营管理能力
推荐序二　企业管理需要练好基本功
前　　言　每个管理者都需要学会如何开会

第1章　我们为什么开不好会　　　　　　　　　　1

1.1　会议中的痛点问题有哪些　　　　　　　　　1
1.1.1　会议太多　　　　　　　　　　　　　　1
1.1.2　目标不清　　　　　　　　　　　　　　2
1.1.3　准备不当　　　　　　　　　　　　　　5
1.1.4　会而不议　　　　　　　　　　　　　　7
1.1.5　议而不决　　　　　　　　　　　　　　8
1.1.6　决而不行　　　　　　　　　　　　　　9

1.2	我们为什么要开会	12
	1.2.1 传递信息	13
	1.2.2 头脑风暴	13
	1.2.3 解决问题	13
	1.2.4 做出决策	14
1.3	种种会议有多少	16
	1.3.1 常规会议 vs 关键会议	17
	1.3.2 正式会议 vs 非正式会议	18
	1.3.3 例会 vs 非例行会议	19
	1.3.4 部门会议 vs 跨部门会议 vs 公司会议	20
	1.3.5 小规模会议 vs 中等规模会议 vs 大规模会议	22
1.4	本书的使用说明	25
	1.4.1 本书主要讨论哪些会议	25
	1.4.2 本书不讨论哪些会议	26
	1.4.3 本书如何帮助你掌握开会方法	27

第 2 章 如何开好一个会　　29

2.1	哪些会不用开	29
	2.1.1 审视开会的必要性和价值	29
	2.1.2 如何减少会议数量	32
2.2	如何设定合理的会议目标	35
	2.2.1 这样的会议目标有问题	35
	2.2.2 常见会议目标举例	42
	2.2.3 这样设定会议目标就对了	44

2.3　如何确定参会人　　　　　　　　　　48
2.3.1　邀请谁参会是个问题　　　　　　48
2.3.2　参会人的角色　　　　　　　　　48
2.3.3　确认参会人的方法　　　　　　　53

2.4　如何设置会议议程　　　　　　　　　54
2.4.1　议程设置的痛点　　　　　　　　54
2.4.2　议程设置的方法　　　　　　　　55
2.4.3　常见议程设置举例　　　　　　　57

2.5　如何准备会议材料　　　　　　　　　59
2.5.1　理解参会人的关注点　　　　　　59
2.5.2　根据不同的会议类型和目标准备会议材料　61
2.5.3　会议材料的准备建议　　　　　　62

2.6　如何主持好会议　　　　　　　　　　63
2.6.1　主持人的定位　　　　　　　　　63
2.6.2　主持人在会前做哪些准备　　　　64
2.6.3　如何简洁高效地开场　　　　　　66
2.6.4　会议如何主持与讨论　　　　　　69
2.6.5　主持人如何记录会议成果　　　　73
2.6.6　会议主持常见问题处理　　　　　74
2.6.7　会议结束、总结与部署行动　　　80

2.7　如何高效汇报方案　　　　　　　　　82
2.7.1　明确目的，避免长篇大论　　　　82
2.7.2　根据听众和场合确定汇报策略　　84
2.7.3　提前确认演讲的关键信息　　　　84

2.7.4	刻意练习，控制发言时间	85
2.7.5	汇报中的一些方法和技巧	86

2.8　开会时如何有效发言　86

2.8.1	参会人会前如何准备	86
2.8.2	开会发言的 5 条原则	87
2.8.3	开会发言的 5 种技巧	91
2.8.4	没有独特观点时如何发言	94
2.8.5	开会发言需要避免的行为	95

2.9　会议如何有效决策　96

2.9.1	会议决策的基本类型和模式	96
2.9.2	会议决策的基本原则	97
2.9.3	会议决策的方法	98
2.9.4	投票表决及通过标准	102
2.9.5	管理者在会议决策中的角色定位	102
2.9.6	如何处理会议中的分歧	105
2.9.7	决策中需要避免的情况	107
2.9.8	有关会议决策的注意事项	108

2.10　如何撰写会议纪要　109

2.10.1	会议记录的准备工作	110
2.10.2	通过辅助工具进行记录	111
2.10.3	会议记录的技巧	112
2.10.4	会议纪要的输出和发布	114

2.11　会议决议如何更好地落地执行　115

2.11.1	提高会议决议的质量	115

- 2.11.2 重视会议纪要，固化会议发布机制 ... 116
- 2.11.3 重视"盯关跟" ... 118
- 2.11.4 进取型的会后执行事项管理 ... 119
- 2.11.5 增强团队建设 ... 120

2.12 应该塑造怎样的会议文化 ... 120
- 2.12.1 重视策划和准备 ... 121
- 2.12.2 氛围开放自由 ... 122
- 2.12.3 拥有主人翁心态 ... 122
- 2.12.4 强调成果产出 ... 123
- 2.12.5 持续迭代和进化 ... 124

第 3 章 如何开好常见的会议 ... 125

3.1 如何开好绩效沟通会 ... 125
- 3.1.1 绩效沟通会的目的 ... 125
- 3.1.2 绩效沟通会的准备 ... 126
- 3.1.3 绩效沟通会的过程 ... 127
- 3.1.4 绩效沟通会的注意事项和技巧 ... 133

3.2 如何开好部门周例会 ... 134
- 3.2.1 部门周例会存在的问题 ... 134
- 3.2.2 部门周例会的定位和价值 ... 135
- 3.2.3 部门周例会的议程设计 ... 136
- 3.2.4 部门周例会的方法和策略 ... 142

3.3 如何开好头脑风暴会 ... 143
- 3.3.1 头脑风暴会的适用场景 ... 143

3.3.2　头脑风暴会的步骤　144
3.3.3　头脑风暴会的原则和注意事项　150

3.4　如何开好经营分析会　152
3.4.1　经营分析会常见的问题　152
3.4.2　经营分析会的目标和价值　153
3.4.3　经营分析会如何准备　155
3.4.4　经营分析会的议程及方法　157
3.4.5　经营分析会常见问题及策略　162

3.5　如何开好战略研讨会　164
3.5.1　战略研讨会的价值和目的　165
3.5.2　如何准备战略研讨会　167
3.5.3　如何召开战略研讨会　180
3.5.4　会后应该做什么工作　183

第 4 章　智能化时代如何高效开会　188

4.1　传统会议低效的 4 大原因　188

4.2　亚马逊：从 15 分钟静默开始开会　190

4.3　字节跳动："飞阅会"是如何颠覆传统开会方法的　190

4.4　智能化时代会议模式的 3 大趋势　192

附录 1　六顶思考帽在开会中的应用方法　195
附录 2　关于开会方法的推荐图书　199

CHAPTER 1
第 1 章

我们为什么开不好会

1.1 会议中的痛点问题有哪些

1.1.1 会议太多

- **会议类型多样：**不论大公司还是中小公司，会议多已经是不争的事实，各级管理者要参加各种各样的会议，以部门负责人为例，需要开部门内部各项工作推进的会议、部门例会、专题讨论会；需要开跨部门的会议，有的是本部门发起的，有的是其他部门发起的；还需要开公司层面上级管理者发起的各种会议。有时候还要和外部供应商、合作伙伴、咨询机构开会。据统计，各级管理人员至少有 50% 以上的时间在开会，级别越高，开会的时间越长。很多董事长、总经理、副总级别的管理者几乎没有自己独立工作的时间。

{ 场景案例 }

高管时间几乎被开会占据

有个上市公司的董事长抱怨说:"现在会太多了,有时候一天会开下来就到了晚上9点,真怀念以前可以下车间的日子,去车间待半天,和一线工人聊聊,就知道问题在哪里了,现在已经很长时间没有下车间了。"

- **会议数量繁多:** 如果管理者每天开3个会,一周至少要开15个会,这些还不包含像面试等一对一沟通,临时的、非正式的会议。现在线上会议越来越多,所以经常会出现在线下开会时不会遇到的"怪现象":挂会。一个人同时参加两个会议,电脑一个、手机一个,戴两个耳机,一个会议还没结束,就说"我4点还有另一个会,我先下了"。有些会议需要领导发言,领导会说"抱歉!我刚才在另一个会议上,麻烦你们再说一遍"。

1.1.2 目标不清

很多人会很自然地认为,召开一个会议,会议的目标当然是清楚的,比如部门周例会就是讨论部门各项工作的进展,专题讨论会就是研究某个专题,提出解决方案,但是只有当会议效果不佳,没有达到预想的目标时,才会有人意识到可能在开会之前并没有把目标设定清楚,常见的目标不清有以下几种。

- **把议程当作目标:** 一般会议都会提前发通知,通知里面会有会议名称、参会人、参会时间、地点、议程,但只有一部分会议通知有会议目标,或者即使有,也语焉不详,或者和会议议程有重叠。而参会人认为只要讨论了会议议程上的事项,会议目标也就达成了,越是这样认为,会议最终的结果可能越不尽人意。议程的设置是为了更好地达成会议目标。就好比吃饭宴请,点的菜好比议程,而宴请的目标则可能是不同的,有的是吃得更健康,有的是好朋友怀旧,有的是谈成一单生意,为了达成不同的目标,选择的餐厅、点的菜都应该是不同的。同样的道理:同一主题的会议,为了达成不同的目标,议程的设置也应该是不同的,议程本身不是目标,只是达成目标的手段和策略。

- **把讨论主题/问题当目标:** 有些主题/问题可能比较简单,一个会议就能讨论解决,有些主题/问题可能会比较复杂,比如就产品质量达不到标准,客户经常退货和投诉的问题开一个专题研讨会,如果仅仅召集相关部门,用 1 个小时的时间讨论,这个会议很可能是目标不清晰的,因为这个会议目标太过宽泛和模糊。而且会议涉及的内容和范围比较宽泛,通过一次会议很难解决,可能需要多次,第一次收集问题,确认问题,第二次分析原因,提出可能的策略,第三次对若干可能的策略进行决策并确定后续计划,每次的会议目标是不同的。而且会议的目标应该在发会议通知时明确出来,并且在会议开始之前再次强调,让参会人都能知晓。

{场景案例}

开会偏离会议目标

A大学的大学生社团"民营经济发展促进研究会"的会长想召集大家开会讨论社团的经费如何筹集。

社团会长张同学说:"社团这个学期计划开展一系列活动,但我们的经费只剩下2000元,我们今天讨论一下如何筹集更多的经费。我建议每个会员多收取20元钱,这样300个会员可以收6000元钱。"

社团秘书长王同学说:"我们虽然有300个会员,但是有一半以上的会员是不活跃的,而且一旦收费,有些会员可能不会交,甚至退出社团。"

社团骨干张同学说:"我认为社团的名字需要改一下,'民营经济发展促进研究会'有点太宽泛了,改成'民营经济最佳案例研究会'如何?"

社团成员何同学说:"每个人收20元有点多,收5元怎么样?"

社团外联部长范同学说:"我们可以去外面拉一些赞助,来补贴我们的活动经费。"

社团成员李同学说:"我觉得我们不需要做那么多活动,

做一些读书会和研究分享就可以,这样就不需要那么多经费。"

......

大家七嘴八舌,讨论到了社团的定位、名称,以及如何招募等更多发散的问题,最后会议失去了控制。

这场会议的典型问题是在开会之前,会长并没有把会议的目标准确地告诉参会人,而且在过程中也缺乏有效的控制和纠偏,最后会议讨论的内容与会议主题和目标越来越远,最终没有达成会议的目标。

- **例行会议变成了"例行公事"**:例行会议因为经常召开或周期性召开,大家习以为常,反而容易忽视会议要达成的目标。比如部门周例会一项很重要的功能就是协调部门资源,解决个人工作推进中不能解决的问题。但是部门周例会反而容易变成汇报会,每个人把自己工作的进展汇报一下,但由于各种原因不愿意提出遇到的问题——有的人担心会被管理者批评,有的人担心暴露问题会让其他同事认为自己工作能力不足,有的人之前提出了问题但没有得到有效解决,从而不愿意再提问题。如果不明确部门周例会的目标,则容易把汇报工作当成目标。长此以往不能有效解决大家工作中的问题,会议变得越来越低效和缺乏价值。

1.1.3 准备不当

- **准备时间不足,仓促开会**:常见的情况是管理者要讨论一个问题，临时安排下属组织一个会议，早上通知下午开会，或者前一天通知第二天开会，这样会影响员工的正常工作节奏，也使会议缺乏必要的准备，从而效果不佳。或者为了节省时间，把会议设置在午饭前或者下班前，导致大家心不在焉。

{ 场景案例 }

开会临时召集缺乏准备

一个"90后"的员工经常抱怨："我们部门老大经常突击开会，我还在这里处理一个早上安排得很紧急的工作，你突然跑过来跟我说，20分钟后去会议室开会，我哪有时间准备，你告诉我要讨论什么了吗？这个工作和我关系不大，我去参会不是凑人数嘛！"

- **缺乏足够的会议信息输入**：特别对于专题讨论会，需要解决一个问题，提出解决方案。有的参会人对会议议题不熟悉，需要提前准备会议材料，如之前相关的会议纪要、问题的描述、背景材料、内外部案例等。只有获得相对充足的信息输入，才能让会议要解决的问题有所指向，引发参会人的思考和准备，产生有价值的建议。

- **参会人缺乏相关性**：会议失败的很重要的一个原因是，很多人只是"陪会"。要么参会人过多，邀请了相关度不高的人；要么参会人过少，该邀请的关键人员没有邀请，导致会议缺乏讨论氛围，也缺乏有价值的建议和意见。

- **会议议程设置没有针对目标**：有时候议程设置太过随意，甚至把之前类似的会议议程简单修改一下就发出了会议邀请。议程和讨论事项不是会议目标，只有瞄准目标，确保每个议程都对目标和成果产出有贡献，才是科学合理的议程。有的会议要讨论的内容太多，讨论的时间不充分，也很难得出有价值的结论。
- **会议的角色不明确**：正式的会议通常会设置主持人和记录人。不太正式的会议有可能没有设置主持人，或者指定了主持人但是主持能力不够；没有设置会议记录人，或者临时指定记录人，导致记录人没有准备好。
- **会议材料质量不高**：有的会议材料洋洋洒洒写了几十页，但并没有解决核心的问题、提出有效的解决方案；有的会议材料与会议要求的内容有偏差，参会人看了会议材料后依然不能得到有效的信息和输入。
- **准备过度**：与准备不足相比，准备过度同样是一个不容忽视的问题。最典型的是对于一些级别比较高的会议，准备会议材料需要 1～2 天甚至更长时间，结果开会汇报 10 分钟，管理者提了 1～2 个问题就结束会议，花了很长时间准备的会议材料并没有派上用场。

1.1.4 会而不议

- **汇报多，讨论少**：很多会议是针对某个主题进行讨论，通常由该主题的负责人进行方案的汇报，如果开会一个小时，汇报需要 30 分钟，剩下 30 分钟讨论。而有的汇报人在 30 分钟内不能汇报完，留给讨论的时间就更少了，而且讨论也缺乏针对性，不同参会人从不同角度提出问题和建议，但是针对关键的问题或者方案的关键点缺乏有效建议，再到了最后缺乏有效结论，只能由决策者"拍"一个结果。

- **发言不积极，缺乏有效建议**：有的会议虽然留出了充分的讨论时间，但是除了 1～2 位参会人发言比较积极外，其他人并没有有效的建议，不能充分参与到会议里面来。开会氛围不浓、发言不积极的原因有很多，比如邀请人员相关度不高、准备不足、缺乏有效的主持和引导、公司文化、管理者风格等。

1.1.5　议而不决

- **意见太多但没有结论**：有的会议讨论，要么只是暴露问题、抱怨、指责和甩锅，缺乏建设性的意见；要么是你一言我一语，漫谈自己的感想，缺乏焦点和重心；要么是有不同的观点，各有道理，决策者也很难决策，最后没有决策建议。
- **多次讨论没有决策**：这种情况多见于一些专题讨论或者重大事项讨论，比如是否要开发某种新产品、进入某个新市场、调整业务模式等。开了多次会议，对需要的材料和信息已经做了收集和研究，相关人员已经充分发表了意见，还是无法有效决策。

{ 知识点 }

无法有效决策的四个原因

开会中不能有效决策主要由于以下四个原因。

（1）决策制定者缺席，如董事会主席或部门管理者等有决定权的管理者缺席。

（2）决策逻辑不清晰，即为什么可以做出这样的决策，通过什么方法、流程和标准不清晰。

（3）相关信息和数据不完整，致使参会人无法做出判断。

（4）会议主持人缺乏主持能力，无法有效地控制会议进程。

表面上看，很多"议而不决"现象都是信息缺乏的结果。但实际上，下次会议有了更多的信息之后，人们还是觉得"信息不足，不能做决定"，这就说明会议的决策逻辑没有弄清楚。所以管理者必须了解决策究竟是根据什么具体标准做出来的，然后再围绕这个具体标准去寻找信息。否则，搜集再多的情报也无济于事。

1.1.6 决而不行

- **决策质量不高**：虽然会议上做了决策，也得到了参会人的同意，但是并没有真正达成共识。要么是由于时间所限没有充分讨论，要么是有不同意见没有讨论清楚，最后由管理者"拍板"给出方案。总之，没有经过充分讨论并最终真正达成共识的方案，即使参会人表面上同意或者没有反对意见，在执行过程中也会遇到各种看不见的阻力。

- **决策太过模糊：** 开会决策只是一些方向性的、原则性的或者指示性的结论，需要团队对会议信息再"解码"才能执行，而"解码"的角度和水平各有不同，会导致执行结果有偏差。虽然会议上讨论了很多内容，但是对于哪些是指导原则，哪些是建议，哪些是必须落地执行的事项等，并没有明确。

- **资源匹配不够：** 好的会议决议需要有执行事项、负责人和参与人、完成时间、验收标准、匹配资源。常见的问题是仅仅说出了落地事项和负责人，其他的事项特别是匹配资源并没有明确，如果涉及需要跨部门配合的工作，仅仅提出了负责部门，对其他配合和支持的部门并没有给出资源支持（如负责人、投入时间、交付成果等），就会导致在执行过程中需要多次沟通，靠个人资历和关系去争取资源。

- **缺乏跟踪管理：** 某个会议决议的落地执行事项，特别是跨部门的、有一定难度的、持续一定时间的事项，需要进行过程管理，定期跟踪，关注进展中的问题，如是否有执行团队不能解决的问题，是否需要匹配资源，是否需要专题讨论。进行有效的及时追踪才能使决策落地执行。

以上列举的六大痛点问题是最为常见的问题，开会中其实还有很多其他痛点问题。

- **会议策划和组织**。
    - √ 开会要凑高层管理者时间，很多重要会议被迫延期
    - √ 组织会议、协调时间需要花很长时间
    - √ 参会人的角色和权责不明确
    - √ 没有会议规则，不遵守会议规则
    - √ 不守时、缺席

- **会议发言、讨论和决策**。
    - √ 会议主持人缺乏相关能力和技巧
    - √ 参会人心不在焉
    - √ 会议低效、超时
    - √ 会议氛围不浓，没有人发言
    - √ 过于发散、七嘴八舌、离题万里
    - √ 词不达意，不知所云，缺乏发言和沟通技巧
    - √ 声大者有理
    - √ 管理者一言堂、拍板决策

- **会议文化**。
    - √ 不暴露问题，粉饰太平，表功
    - √ 推诿扯皮，互相甩锅
    - √ 害怕冲突，一团和气
    - √ 管理者在会上经常批评下属

以上问题或多或少存在于各个企业和组织，也贯穿会前组织、会中讨论和会后执行的全过程。本书以这些问题为起点，围绕开会最核心的价值，讨论如何从会前策划和组织，会中有效引导主持、发言讨论和有效决策，到会后落地执行去解决以上问题，并讨论不同类型的会议应该如何组织召开。

1.2 我们为什么要开会

为了解决上一节提到的问题，我们需要回归开会的本质，思考开会的价值和意义是什么，即为什么要开会。这些问题有了答案，才能判断一个会有没有达到它的目标，开得是否成功，才能对症下药，解决开会中遇到的种种问题，把会议开得高效、成功，让开会成为工作的发动机、助推器，而不是减速带。

开会本质上是一种沟通方式，不论是公司还是政府、学校、医院等各种组织，只要涉及一群人分工和协同，就会涉及沟通，凡是涉及一对多和多对多的沟通，只要是即时的，不论是现场还是线上，就可以认为是开会；只要有两个人或多于两个人一起比较正式地沟通讨论某项特定的工作和主题，就可以认为是开会，所以会有各种各样的会议（关于会议的类型见下节内容）。

总体来说，开会有以下四个主要目标。

1.2.1 传递信息

传递信息是开会的一个基本功能，有自上而下的工作任务布置，有自下而上的工作汇报，也有让相关者知晓工作进展或者结果，比如方案汇报会。传递过程中有沟通和反馈，汇报工作时会有更高层的管理者对工作进行指示和建议，但总体还是以传递信息为主。传递信息是会议的基础功能，但不是最主要的功能。在沟通工具和技术如此发达、沟通形式如此丰富的现代社会，如果仅仅是传递信息，那会议效率就太低了，会议价值也无法被充分释放，这也是很多会开完大家觉得收获不大，有点浪费时间的原因。

1.2.2 头脑风暴

除了传递信息，开会可以充分发挥参会人的积极性，通过头脑风暴把原来分散在参会人各自脑子中分散的信息、想法、观点、建议、态度和判断等综合起来。而且在讨论的过程中，有效的组织和引导可以激发更多新的思想、想法和建议，最终形成达成共识的、更加优化的建议和方案，使开会能够产生 1+1+1>3 的效果。

1.2.3 解决问题

开会非常重要的一个功能就是解决问题。企业经营中会遇到各种各样的问题，比如开发新产品、拓展新市场、解决跨部门的流程衔接问题等，而开会是解决这些问题的常见方式，比如专题研讨会，把某个经营管理中的难点问题涉及的相关部门召集到一起，讨论和识别问题的原因，针对原因提出可选的解决方案，并确定最优方案。

1.2.4 做出决策

企业经营中会遇到各种各样、大大小小的决策，比如要不要进入某个市场，是选择供应商 A 还是 B，市场部门提出 3 套 VI 宣传方案，需要确定其中 1 个，等等。企业的决策水平和决策质量体现了其经营水平。并不是所有的决策都需要通过会议，但是通过会议进行决策或者辅助决策是常见的形式。

除此之外，会议还有一些其他隐性和附加的价值。

- **增强仪式感：**会议一个特殊的功能是能够产生一种仪式感，提高参会人的重视度。大家坐到会议室讨论一个事情，本身就说明了这个事情的重要性，比如项目启动会、表彰大会、公司年度会议等，都是通过会议塑造仪式感和荣誉感，塑造积极向上的团队和企业文化。
- **产生凝聚力：**团队成员之间虽然平时有很多点对点和非正式的沟通，但更多是基于具体工作和私人关系，如果想要更有凝聚力和向心力，一些具有仪式感的活动必不可少，开会就是很好的方法。如果一个部门长期不开会，只有管理者和不同员工就各自负责的具体工作的点状沟通及各个员工之间的日常沟通，团队的集体感和凝聚力会受到很大影响。

- **建立信任感：** 有的员工对本部门的同事比较熟，而和其他部门的同事接触机会比较少，而开会就是最常见的和其他部门同事建立联系和信任的方式。一般可以通过跨部门会议、专题会议、公司级会议认识其他部门的同事，其他部门的同事认识得越多，越有利于工作的开展，而且通过会议，有可能会获取更多资源和支持。

- **提升影响力：** 在职场上，大多数员工都希望能够得到同事和管理者的认可。开会是一个很重要的场合，可以让更多的同事认识你，了解你的思路、想法和建议，你可以通过展示方案和工作成果得到大家的认可。优秀的员工通常都会认真对待会议，在会议上展现自我，提出有价值的建议，提升影响力。

{ 场景案例 }

英特尔的"高效开会"课程

安迪·格鲁夫（Andy Grove）被认为是当代最伟大的总裁之一。他非常重视会议，要求每个新入职的员工都参加英特尔公司关于"高效开会"的课程，他一直坚持这一理念，甚至曾多年亲自授课。

- **部署工作：** 部署工作不是会议的主要目标，却是开会很重要的一项功能，特别是对于需要团队协同的工作，开会比一对一沟通更有效，大家坐在一起能快速反馈彼此的想法，经过讨论能够达成一致意见。这也是为什么要在会议最后留出 5 ～ 10 分钟进行决策和部署工作。如果不对某项工作具体怎么做和谁去做达成一致意见，会后需要花费更多时间去讨论。通过集体开会讨论进行工作分配，比起由管理者分配好工作再通知给大家，会让团队成员有更多的参与感、主动性和责任感。开会可以引发参会人对工作的重视和承诺。

- **工作方式：**对高层管理者来说，有 70% 以上的时间都在开会，这意味着他单独留给自己的时间或者一对一沟通的时间非常有限。在一家大公司，部门负责人很少有机会能约到 CEO 单独沟通工作，这个时候会议就成为一种基本的工作开展方式，而提高会议效率、提升会议质量就显得尤为重要。某些周期性的会议，比如部门周例会、月度经营分析会形成惯例之后，本身就成为经营管理活动的一部分。

由此可见，会议是组织基本的工作方式，除了个人独立工作和一对一沟通，其他的工作几乎都需要以会议的形式来开展，如果想减少会议数量，提高会议效率，就需要审视开会的价值和功能，对于重要且有难度的会议，做好策划和筹备；提高高价值功能会议的质量和产出，减少、简化、优化低价值功能的会议。

1.3 种种会议有多少

大部分会议之所以低效，开会中之所以有这么多问题和痛点，一个很重要的原因是会议的种类多种多样，不同会议要达成的目标、解决的问题不同，开会的方法和思路也不同。需要根据不同的会议特点采取不同的开会策略，我们先看一下有哪些常见的会议类型。

1.3.1 常规会议 vs 关键会议

- **常规会议**：会议的目标和边界比较清晰，目标也比较容易达成。比如通报进展，同步信息，讨论方案。一般来说，部门级的、项目相关的会议都可以看成是常规会议。常规会议需要不断总结经验、复盘和改进，提高质量和效率，导向问题解决和工作推进。
- **关键会议**：关键会议的目标和边界有时候并不那么清晰，要解决的问题有一定难度。跨部门、公司层面的会议可能会涉及关键会议。最简单的判定标准是：开一次会议就能解决问题的就是常规会议，需要开多次会议才能解决或者也不一定能解决问题的就是关键会议。比如部门周会就是常规会议，讨论营销方案也可能是常规会议；针对目前产品表现不佳、市场严重下滑，讨论原因并提出改进方案，就是关键会议，通过战略研讨会讨论公司中长期发展战略也是关键会议。关键会议因为其涉及的问题和决策对公司发展更为重要，参与的人员层级更高，开会需要的时间更长或者次数更多，需要进行更精心的设计和策划。⊖（对比见表 1-1。）

⊖ 厄特尔，所罗门. 关键会议 [M]. 李昕，译. 北京：电子工业出版社，2019.

表 1-1 常规会议与关键会议的比较

	常规会议	关键会议
典型会议	部门周例会、项目例会	战略研讨会、产品决策会
特点	讨论的问题比较简单，涉及某一部门工作的开展，一次会议能解决问题，占到公司所有会议 90% 以上的比例	讨论的问题比较复杂、重要，涉及公司层面方向性的、长远性的、全局性的问题，有时候需要多次召开，占到公司所有会议不到 10% 的比例
召开建议	按照常规的方法，提高会议效率，明确会议产出	进行充分的准备和策划，精心设计议题和议程，让参会人全身心地参与和投入，对面临的问题提出创新性的解决方案

1.3.2 正式会议 vs 非正式会议

- **正式会议**：有明确的目标、固定的议程，会议产出成果也比较清晰，一般人数较多，更强调仪式感，比如经营分析会、项目汇报会、专题讨论会、评审会。正式会议通常会设置主持人，进行策划和准备。正式会议因为规范较多、更为正式，会影响参会人发言的积极性，需要在策划的时候加入一些"非正式"的要素，如自由发言、提问答疑、蓝军角色等，激活参会人的思路，塑造自由讨论的氛围，也需要主持人掌握一定的技巧，能够根据会议的进展适时地引导参会人发言。
- **非正式会议**：形式更加自由、灵活，限制较少，议程、话题并不固定，创造出一种融洽的氛围，鼓励参会人多发表意见，如头脑风暴会、茶话会、座谈会、务虚会、午餐会等，非正式会议参与的人数可多可少。非正式会议虽然能够充分调动参会人的参与度和积极性，但是容易出现目标不清、产出不明、会议失控的问题。对于非正式会议，需要明确会议目标和产出，设置主持人，明确会议规则，进行有效的引导，避免太过"随意"和"自由"。（对比见表 1-2。）

表 1-2 正式会议与非正式会议的比较

	正式会议	非正式会议
典型会议	经营分析会、项目汇报会、专题讨论会、评审会	头脑风暴会、茶话会、座谈会、务虚会、午餐会
特点	目标明确、议程清晰、准备充分	较少约束、打开思路、充分讨论
容易出现的问题	容易出现不愿暴露问题、发言积极性不高、缺乏有效建议的问题	容易出现目标不清、产出不明、太过"随意"和"自由"的问题
召开建议	塑造自由讨论的氛围，鼓励积极发言、讲真话	明确会议目标和会议产出

1.3.3 例会 vs 非例行会议

- **例会：** 参会人、召开时间、召开频率、讨论议题都比较固定，作为日常工作开展的一部分，例如部门周例会、公司周例会、月度经营分析会、公司年度大会。例会本身就是工作开展的一种方式，但同样需要明确其每次召开的目标、要解决的问题，而且除了常规讨论事项和议程，一般每次都会安排特殊的议题，这些议题的设计也很重要。对于例会要进行定期复盘，评估议程的设计、会议的效率并及时改进，否则就会"太过例行"而效率低下。

- **非例行会议**：为了解决某个具体问题而召开的会议，一般只举行一次，是相对例会而言的，比如专题讨论会、头脑风暴会、务虚会等。非例行会议根据工作需要灵活开展，能够很好地解决经营中的问题。（对比见表 1-3。）

表 1-3 例会与非例行会议的比较

	例会	非例行会议
典型会议	部门周例会、项目例会、月度经营分析会	头脑风暴会、专题讨论会、产品决策会
特点	定期召开，议题、人员、时间均比较固定，作为常规工作开展的组成部分	根据某个工作推进、问题解决而专门召开的会议，目标比较清晰，根据需要随时召开
容易出现的问题	太过"常规"而积极性不足，效率低下，议题缺乏准备和策划，缺乏新鲜感	参会人对目标和产出不清晰，信息不对称，导致会议未能得到想要的结果
召开建议	增加一些"非常规"的议题和内容，对常规议题进行动态审视和更新，对会议进行定期复盘和迭代，提高效率和产出	会前做适当准备，让参会人对目标和产出有较好的认知，并且进行相应的准备

1.3.4 部门会议 vs 跨部门会议 vs 公司会议

- **部门会议**：主要解决部门内的工作开展问题，比如部门周会、专题讨论会、个人述职会等。因为部门人员彼此较为熟悉，且共享的信息通常能比较及时地传递到位，所以部门会议的正式性就会弱一些，更多是问题解决类、头脑风暴类的会议，信息通报和决策类的会议较少。部门会议可以更加灵活，根据需要召开，可长可短，不用拘泥于形式，主要聚焦问题解决和工作推进。

- **跨部门会议**：主要用于专项工作推进，需要跨部门协同和配合，比如流程优化、新产品上市。通常会由一个主责部门发起，相关部门参与，跨部门会议的主要类型如专题讨论会、工作进度会，兼有传递信息、解决问题、做出决策等功能。跨部门会议一般是每周、双周或者不定期举行。跨部门会议需要提前进行信息对齐和拉通，减少信息不对称，主责部门需要给参与部门充分的信息输入，明确需求和协同点，以便在开会时更加高效。
- **公司会议**：主要解决公司级的经营问题，如经营分析会、战略研讨会。通常涉及大部分部门，需要每个部门参与会议、汇报问题、提出建议、做出决策、部署行动。公司会议参会人更多，会议更为正式，影响范围更大，周期相对更长，一般为双周、月度、半年度、年度会议。公司会议需要有针对性地准备，使得会议议题能够有效地针对会议目标，切中管理层关注的问题。而且公司会议要塑造管理团队敢于暴露问题、不推诿甩锅、勇于担责的会议文化。（对比见表1-4。）

表1-4 部门会议、跨部门会议与公司会议的比较

	部门会议	跨部门会议	公司会议
典型会议	正式会议+非正式会议	正式会议	正式会议
特点	参会人彼此熟悉，对讨论的问题和背景有较好的理解	根据某项工作开展的需要召开会议，参会人有可能彼此不熟悉	讨论的问题比较重大，涉及多个部门，参会部门较多，参会人一般为中高层

（续）

	部门会议	跨部门会议	公司会议
容易出现的问题	缺乏突破性和创新性的解决方案	对于要讨论的问题和背景不熟，对于要达成的目标不清晰，出现信息不对称	领导一言堂；轮流汇报，不能充分讨论，无法提出有效建议
召开建议	塑造针对问题讨论并提出解决方案的文化氛围；灵活高效，根据需要随时随地召开	提前对齐信息，主责部门明确需求，参与部门响应协同	塑造开放、自由的会议氛围，针对会议进行议程设计，突出重点议题、重要问题

1.3.5 小规模会议 vs 中等规模会议 vs 大规模会议

- **小规模会议（10人以下）**：常见的小规模会议有部门内部会议、项目组会议、小范围跨部门会议（每个部门派代表参加）、公司核心管理层的碰头会和决策会。小规模会议的特点是人员少，会议形式不用特别正式，每个人都可以充分发言，对主持人的能力和技巧要求不高，有时候不用专门设置主持人，会议组织者或者最高决策者充当主持人即可。小规模会议灵活、高效、能够激发充分讨论，在公司里面应该多开。有些中大规模会议也可以通过小规模会议的形式，提前召开或者在会议环节中穿插，解决一些特定范围的问题，给中大规模会议做有效的信息输入。

{开会技巧}

多开小规模会议

小型会议最好商量问题，我对小型会议很有兴趣，时间不长，就地召开，这种形式最好。㊀

- **中等规模会议（10~20人）**：中等规模会议相对比较正式，比如人数较多的专题讨论会、公司层面的经营分析会、意见征集会或者座谈会。中等规模会议要做到每个人发言有点困难，而且参会人会分层：决策者，对会议的最终方案有决策权和话语权；核心人员，对会议的方案、结论和决策的意见有重要影响，也是会上发表意见最多的人员；普通参会人，与会议主题相关，可以提供一些信息，需要知晓会议内容，但对会议的影响力不及核心人员。中等规模会议需要设置主持人，而且主持人的能力和水平对会议的质量影响比较大。中等规模会议需要设定好不同参会人的角色，避免不发言的人员过多，影响会议氛围和效率。
- **大规模会议（20人以上）**：大规模会议更多含有信息传递的功能，更强调仪式感。几十个人参加的会议如果不进行分组讨论，不可能做到每个人发言。由于参会人众多，发言人会尽量避免出错，因而发表一些比较有把握的观点，不利于真知灼见的产生。而且大规模会议也很难展开讨论，进行观点的碰撞，更多是单向信息的输出和传递，所以大

㊀ 摘自《毛泽东关于领导方法和工作方法的论述》，《党的文献》2013年第5期。

规模会议不适合做头脑风暴会和决策会。除了经营分析会、战略讨论会等公司层面的经营会议，其他大规模会议不在本书的讨论范围之内。（对比见表1-5。）

表1-5 小规模会议、中等规模会议与大规模会议的比较

	小规模会议	中等规模会议	大规模会议
人员数量	10人以下	10～20人	20人以上
特点	每个人都可以发言，且会议主题单一，时间较短，灵活高效	部分人员发言，其他人员参与或旁听，会议时间较长	大部分为信息传递类会议、仪式类会议；经营管理类会议需要专题策划
容易出现的问题	目标不清晰，有效控场不足	部分人员主导会议，其他人员发言不足	陷入群体思维，缺乏有价值的建议
召开建议	会前明确会议目标和产出，对会议进行控制和引导	设定不同参会人的角色，请每一类人员代表发言，做到充分发言	分组讨论，确定好要讨论的议题，组内人员充分发言，汇总形成各组意见

以上关于会议规模的区分只是为了讨论方便，划分并不是特别精确，读者也可以根据自己开会遇到的情况进行划分，比如7人以下为小规模会议，30人或者50人以上为大规模会议。这里仅仅想强调一个原则：为了有效地讨论问题、提出建议、做出决策，尽量保证参会人的数量在15人以下，如果人员太多，会议的性质会改变，也会影响作为集思广益、讨论问题型的会议的质量。我们先聚焦小规模会议，能把小规模会议开好，其中的方法和原则也可以应用到中等规模和大规模会议中。

不同会议类型的区分，目的是让我们对会议的风格、形

式和文化有所意识和认知，这些会直接或间接、明显或潜在地影响会议的目标、策划、召开形式及效果。组织者在准备会议时要清楚不同会议的特点、可能的风险及关键点，主持人在主持会议时要根据会议的风格、特点选取适配的策略。

1.4 本书的使用说明

1.4.1 本书主要讨论哪些会议

由于各种各样的会议类型如此之多，不可能也没有必要掌握所有会议类型的开会方法。本书主要聚焦于公司经营和管理中常用的、重要的会议类型，以中小规模会议为主，主要涵盖以下几类。

- **信息通报类会议**：虽然会议的主要目标不在于信息通报，但是信息通报和共享是一项基本的功能，如部门周例会，我们需要关注如何传递参会人关注的重要信息，避免无效、杂乱信息的传递，以及如何高效、清晰地传递信息。
- **问题解决类会议**：如经营分析会、专题讨论会、绩效沟通会，主要面向某一类问题，提出解决方案。我们总是期望通过集思广益，更加高效、有效地解决个人难以解决的问题。
- **决策类会议**：如产品评审会、方案评审会等，对已有的方案进行选择，确定一些重要的人事决定，对重大的问题进行决策。并不是所有的决策都需要开会通过，但会议可以为决策输入必要的信息。
- **头脑风暴类会议**：如务虚会、复盘会等，头脑风暴更多的是一种开会的方法，可以融合到很多会议里面，目的在于让大家充分发挥灵感去提出更多思路和建议。

1.4.2 本书不讨论哪些会议

- **人员规模过于大的会议**：如公司年度总结会、全员大会、行业论坛和峰会，人数过于庞大，更多是信息传递的功能，一般不会讨论问题、产生创意、做出决策。公司内部开会要适度控制参会人规模，除非通报的信息很重要，需要更多人参与并知晓。
- **培训学习类会议**：如公开课、工作坊、训战。培训学习类会议更多以学习知识和技能培训为主，中间也会有提问、讨论、演练等环节，主要目的是吸收和理解知识，不涉及实质性的问题讨论和决策。
- **仪式类会议**：如表彰大会、欢迎会、欢送会、启动会、总结会。这类会议更多是让参会人产生一种仪式感、荣誉感，从而更好地进行团队建设、增强团队凝聚力，基本不涉及问题解决和决策。
- **其他类型的会议**：比如读书会、庆祝会、座谈会、筹备会、新闻发布会等各种形式的会议。

以上是一些粗略的划分，本书的目的是想通过区分会议基本类型，拆解会前组织、会中讨论、会后执行中的典型问题并给出解决方案，提高经营管理类会议的质量和效率。对于没有涉及的会议类型，如果读者有兴趣，书中的方法同样可以借鉴和参考。

1.4.3　本书如何帮助你掌握开会方法

- **聚焦中小规模经营类会议**：本书主要围绕企业经营管理中遇到的问题解决类、决策类会议，特别是中小规模会议而展开，这是最常见、数量最多、效率低下的"重灾区"，能提高中小规模会议的效率，就能在一定程度上提升企业经营管理的水平。
- **强调会议目标和产出**：大部分会议都容易忽视这一点，就问题讨论问题。本书将告诉读者，设置目标时会遇到哪些问题、常见的会议目标有哪些类型、如何设置明确且合理的会议目标等。
- **关注会议的准备方法**：会议准备中常见的问题有准备不足和准备过度，对此我们都要避免。本书将介绍如何通过明确会议目标、选取合适的人员、设计有针对性的议程、准备好开会材料，让会议准备更加高效。
- **拆解开会过程中的方法策略**：本书将介绍开会各个环节的方法和技巧，如何主持、如何汇报、如何发言、如何讨论、如何决策、如何做会议纪要、如何后续跟踪执行，这部分在内容上占有很大篇幅，但是对于会议结果的影响只有50%，更重要的50%还是前面提到的明确会议目标和产出、聚焦会议类型、做好会议准备。
- **对典型会议进行专题讨论**：本书会选择一些代表性的会议深入探讨，尽量覆盖各个层级（部门级、跨部门级、公司级）、各种形式（一对一、多对多）、各种类型（传递信息、头脑风暴、解决问题、做出决策），这样可以让本书中关于开会的方法、策略有场景支撑，也能帮助读者掌握以上会议的召开方法，并将其推广应用到其他会议中。
- **探讨会议文化**：企业的文化和价值观如同土壤，任何经营的成果包括产品和人才都是企业文化土壤中产出的果实。会议文化是企业文化的一部分，本书将告诉读者，为了高效地开会，企业需要塑造怎样的会议文化。

CHAPTER 2
第 2 章

如何开好一个会

2.1 哪些会不用开

2.1.1 审视开会的必要性和价值

身在职场,每周都有开不完的会,导致大家对于会议已经"免疫"了,有时候往往忽略了会议本身要实现的目标、解决的问题,开会之前缺乏对会议本身的策划和思考。要提高开会效率,减少会议数量,首先要对会议的价值进行审视。不论作为会议组织者,还是作为参会人,如果在开会之前能思考以下问题,将会一定程度地减少无效会议的召开数量(见图 2-1)。

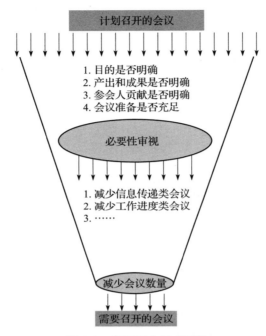

图 2-1 审视开会的必要性

作为会议组织者，你需要思考以下问题。

- 我对这个会议的背景和来龙去脉清楚吗？
- 想通过开会解决什么问题？我可以清晰定义这个问题吗？
- 如果不开会有什么损失吗？不开会某个工作就很难推进吗？
- 我希望从参会人那里得到什么？他们对会议有什么贡献？
- 预计的会议成果和产出是什么？
- 如果会议召开得很成功，应该是什么样子？
- 如果想让会议召开成功，需要给参会人什么信息和输入？

- 只有通过开会才能解决这个问题吗？是否有其他更好的替代策略？

如果回答不清楚以上问题，就需要审视开会的必要性。需要会议组织者重新思考和审视相关工作的进度、问题和难点，也可以和相关的同事进行沟通，询问他们对以上问题的思考和建议。如果其他同事能协助你回答清楚以上问题，他们觉得有必要召开一次会议，那就可以认真准备开会了。

作为参会人，你同样也需要思考以下问题。
- 我对这个会议的背景和问题清楚吗？
- 我对会议的目标和最终结果产出清楚吗？
- 我对会议要解决的问题有什么独特的贡献吗？
- 我对会议的建议和观点是否可以通过其他方式传递到会议上？
- 我不参会对会议有影响吗？
- 会议需要解决的问题是否必须通过开会解决？

如果对于以上问题不清楚，可以回复会邀邮件，把相关的问题和自己的思考建议发给会议组织者和参会人，如果是部门内部会议或者项目内部会议，可以把问题和建议发到部门群或者项目群，也可以找会议组织者单独沟通。原则上只有对以上问题有清晰的答案，或者参会人也觉得有必要召开会议，才具备开会的条件。

而且，参会人如果仅仅是做信息和建议的提供者及旁听者，并不参与研讨，也可以不用参加会议，参会的人员越少，开会的效率也会越高。

要避免开以下几类会议。

- 通过会议要解决的问题本身不清晰的。
- 开会的目标、产出和结果不明确的。
- 缺乏相应的准备和信息输入的。
- 参会人认为不具备开会条件的。

如果通过进一步思考和讨论,对以上问题清晰了,也就具备了召开会议的条件。

2.1.2 如何减少会议数量

即使对会议的目标和产出、要解决的问题都清晰了,也不一定需要通过开会的方式。可以通过以下方式减少会议的数量,提高开会的效率。

- **减少开信息传递类会议:** 仅仅传递信息、通报的会议没有必要开,比如部门负责人参加了公司层面的经营分析会或者战略研讨会,需要和部门员工同步一下信息,就可以不用召开会议,而是在部门工作群里面通报或者发送电子邮件即可。
- **减少开工作进度类会议:** 有的工作汇报、进度汇报类的会议也可以不用开,直接把相关进度文件通过邮件、工作群发给相关人员,并说明进度情况、遇到的问题及相关求助,可以设置汇报的模板让进度信息更易于呈现。可以通过在线办公软件、项目管理软件进行信息同步。

- **降低常规会议的频次**：很多部门都有部门周例会，很多项目都有项目周例会，如果认为周会效率比较低，可以改为双周会；日会有点太频繁，可以改为双日会，或者一周两次会。如果例会上要讨论的内容刚好在其他会议上讨论过，也可以取消该次例会。
- **合并参会人相同的会议**：对参会人相同但主题不同的会议可以合并，例如需要公司高层及几个核心部门负责人参加的会议，如果刚好有个议题也需要这些人参加，就可以将其作为一个议题加进去。对于参会核心人员相同的会议，可以根据议题的不同，邀请不同相关人员加入和退出。
- **用点对点沟通取代开会**：有些问题如果大家意见差别较大，或者有些话题比较敏感，开会会影响大家提出自己的建议，这时候可以用点对点沟通或者小范围沟通的方式取代开会，特别是涉及两个部门小范围沟通的会议，可以由各自部门的工作负责人打电话沟通。

{ 开会技巧 }

用一对一沟通取代开会

"为什么要召开会议呢？许多非常重要的事情都是由单个人在没有向任何人咨询的情况下相当圆满地完成的，而更多的事情则是通过书信、便笺、电话或者两个人之间简单的交

谈得到解决的。有时候，与 6 个人每个人谈 5 分钟比和他们一起召开半小时的会议更加有效率和效益。"㊀

- **自己思考和研究后做出决策**：有些工作中的问题是某个负责人自己职责范围内的事项，比如产品经理的职责就是提出新的产品策划方案，如果他自己没有思路而想通过会议来征求大家对于新产品开发的建议，明显是他自己的本职工作没有做到位。遇到这种情况，管理者本人应该承担职责，自己提出方案或者做出决策。
- **将正式类的会议转变为非正式的会议**：对于部门或项目组内部问题，比如 1～2 个部门员工近期工作积极性不够，或者项目组近期遇到一些困难，可以由部门负责人、项目负责人约相关同事找个时间一起喝咖啡，或者约一次共同进餐进行沟通，或者饭后在公司附近的花园、河边等环境较好的地方散步聊天，这样效果会更好。

｛最佳实践｝

选择一天作为"无会日"

Facebook 有一个很好的做法，选择周三作为"无会日"，这一天公司不安排任何会议，员工可以投入时间深度工作，不受任何人打扰。近几年我国各级组织为了解决文山会海的问题，也积极地推行"无会日"。会议减少并不会影响公司

㊀ 尼科尔斯，等. 有效沟通［M］. 李维安，等译. 北京：中国人民大学出版社，2004.

的运行,当大家可以体会到在"无会日"深度工作的好处时,就会想办法减少会议数量。

2.2 如何设定合理的会议目标

2.2.1 这样的会议目标有问题

很多人都知道设定会议目标很重要,也知道开会前要明确会议目标,但在具体开会的时候,却容易忽视会议目标的设定,或者设定的会议目标不合理、不清晰,导致会议缺乏靶心和重点,未达预期。通常容易出现以下问题。

- **会议目标设定过高**:有的会议要讨论的问题有一定难度,比如战略研讨会、市场营销策略会、跨部门流程优化会,这些会议属于关键会议,很难通过一次会议解决问题,达成会议目标。如果把这些会议的目标设定为"通过参会管理层人员的研讨,确定未来3～5年公司的发展战略""针对华东区域市场下滑,制定市场提升方案""优化营销和研发的关键流程协同点",想通过一次1～2个小时的会议达成目标,则很可能无法实现。
- **设定多个会议目标**:会议目标有时候是单一的,有时候是多元的。比如开一场市场策略讨论会,把目标设定为"分析上半年销售未达目标的原因""提出下半年市场营销计划""讨论华北区域主要市场营销人员的权责划分",这就是多元的目标。如果会议目标过多，特别是当每个讨论的议题都有难度时，则不容易全部实现。
- **会议目标表述模糊：** 因为语言表述具有模糊性，会议目标可能并不像我们以为得那么清晰。比如一个市场营销的研讨会把会议目标设定为"确定第二季度的营销策略"，看起来是一个清晰的会议目标，但是"营销策略"详细到什么颗粒度，仅仅是提出几个备选方案，还是确定一个最终的方案，是方案策略层面还是执行计划层面。不同的公司实际情况不同，不同的人员有不同理解，即使会议组织者觉得写清楚了会议目标，参会人也可能会有不同的理解。
- **会议目标具有可变性：** 开会是一个开放式讨论的过程，有可能会议进展得比较顺利，也有可能在某个问题上迟迟没有进展，在开会的具体过程中，需要根据会议的进展情况，由组织者、主持人评估是否达到了会议目标并即时调整会议的进度及内容。

〔场景案例〕

会议目标不明确导致会议讨论失控

A公司市场部赵经理召集了一场会议，最近部门面临的主要问题是营销费用没有减少，而且增加了广告投放量，但销售额下降了，他希望开会讨论营销费用、广告投放与销售额的关系问题。在会议上，一个员工说是因为销售的话术有问题，最近新招的员工比较多，培训不到位，基本的销售话术都没有掌握。另一个员工却说是因为产品质量有问题，买过的客户很多都来退货。两个人吵得不可开交，会议失去了控制。

如果在会议开始的时候，主持人能够说明会议的目标是讨论营销费用、广告投放与销售额的关系，而产品和渠道与销售额的关系不是本次讨论的范围，并在会议过程中对离题的讨论及时提醒和引导，就能在会议中有效控制讨论，避免出现上述情况。

除此之外，几个容易与会议目标混淆的概念增加了设定合理的会议目标的难度。

- **要解决的问题与会议目标混淆**：会议要解决的问题不一定等同于会议目标。爱因斯坦说："如果给我1个小时的时间来解决一个生死攸关的问题，我会花55分钟来思考问题本身，用剩下的5分钟来思考解决方案。"这从侧面说明找对要解决的问题、确定要探讨的话题是会议成功的前提。有的问题难度较大，比如确定公司的战略规划，可能要分几次会议，而每次会议的目标应该是不同的；有时候需要解决的问题很多，比如销售额下滑，有可能是产品的问题，有可能是渠道的问题，有可能是客户需求变化的问题，这就需要把会议目标确定在特定的范围和领域。面对同一问题，会议需要明确讨论问题的哪个方面，把问题解决到什么程度。

- **会议的议程与会议目标混淆：** 会议议程也不等同于会议的目标，议程只是要讨论的事情，但是要讨论到什么程度、有什么样的结果和产出，需要由会议目标来框定，针对同样的主题，目标不同，议程也可能不同。

{ 场景案例 }

会议议程由会议目标决定

A公司市场部计划年底外出旅游做一次团建，同时召开部门年度工作总结会，小赵负责这项工作，他拟了三种策划方案，并想召集部门人员开会讨论，于是把会邀邮件发给部门负责人李经理，请他确认是否可行。

会议主题：市场部年度工作总结&团建会讨论会

会议目标：讨论部门年度工作总结及团建会会议方案

会议议程：

（1）市场部年度工作总结&团建会方案介绍，20分钟，小赵

（2）讨论方案，20分钟，部门所有人

（3）后续行动计划，20分钟，李经理

李经理看了之后，觉得目标和议程不够清晰，因为通过此目标和议程不一定能保证一次开会就确定下来后续行动，于是他对二者进行了修改。

会议主题：市场部年度工作总结&团建会讨论会

会议目标：讨论部门年度工作总结及团建会会议方案并

明确工作部署

会议议程：

（1）从三个备选方案中确认一个方案，15分钟，部门所有人

（2）讨论确认方案预算，10分钟，部门所有人

（3）会议筹备及部门分工安排，15分钟，李经理

小赵看了之后感觉清晰了很多，可以保证一次开会就确定工作安排和计划。之前的会议议程存在方案确定不下来从而无法安排后续工作及内部分工的风险。

- **会议产出与会议目标：** 会议需要有产出，但并不是有了会议产出就实现了会议目标。会议召开成功与否取决于产出的质量高低，只有高质量的会议产出才算实现了会议目标，仅仅有会议产出但是质量达不到预期标准，也不能说达成了会议目标。比如会议产出是形成关于某个方案的决议或者提出行动计划，但并不是说有了会议决议或者拟定了行动计划就是一个高质量的会议，达成了会议目标。

{场景案例}
会议需要产出高质量的成果

A公司战略部计划召开公司的年度战略研讨会，战略管理主管小赵负责这次战略研讨会的组织和策划。通过多轮会议，终于确定了会议方案，小赵长舒了一口气，还有个最后

的环节，即会议筹备和分工讨论。

于是小赵策划了一个部门内部分工的方案。

总体组织和策划：小赵。

电脑投屏和议程所需资料收集：小张（因为小张刚来部门不久，对部门还不太熟悉）

会议主持：部门经理

会议记录：小何、小孙（因为两个人是老员工，对公司的业务更熟悉）

会场酒店对接和会务支持：小田（因为之前的会场酒店对接也是小田）

本来小赵以为这样分工比较合理，也考虑到了每个人的优势、特点，结果没有想到开会讨论时遭到了几位部门同事的反对。

小张抱怨道：电脑投屏一个人的工作非常饱和，需要全时间段盯着电脑屏幕，会中没有时间再去收集资料，有的部门还会在中间更新材料，自己可能顾不过来。

小何、小孙也反对：两天的议程，所有的会议纪要都要我们来记，工作量太大了！

这些问题都是小赵之前没有考虑到的，结果会议不欢而散。后来还是部门经理协助解决了这些问题：会议投屏和收集资料确实需要两个人，可以请小田协助进行资料收集，因为酒店会务准备主要工作在前期，会场上工作量不大。

而会议纪要由两个人来做确实工作量太大，由于参会的有多个业务单元，可以请各个业务单元指派一名人员来做记录。

虽然在部门经理的协助下分工的问题解决了,小赵还是有点挫败,同时也知道自己的不足。虽然会议也有成果和产出,但是与最初设定的目标有点差距。所以会议产出也不等同于会议目标,会议目标是高质量地产出会议成果,并且最大限度地让相关方都满意或者认同。

厘清这些概念对于设定合理的会议目标非常有帮助,会议的背景和要解决的问题(主题)确定了会议的方向,保证会议不跑偏;明确会议目标就像打靶一样,在正确的方向上确定合理的靶向,才能够保证问题的解决或者分步骤解决;会议议程要根据目标去设计,为了更好地打到靶心,要一步步去引导讨论、抽丝剥茧;而高质量的会议成果则是衡量是否打到靶心的验收标准(见图 2-2)。

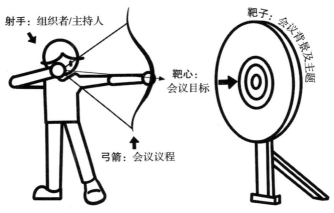

图 2-2 会议目标与会议主题的关系

2.2.2 常见会议目标举例

会议目标与会议类型密切相关，会议类型很大程度决定了会议目标的设定。以解决某个特定的问题为例，按照解决问题的逻辑和顺序，常见的会议目标如下。

- **识别并聚焦问题：** 开会很重要的一个功能是解决问题，在解决问题之前需要收集和确认问题。企业经营管理中会遇到各种问题，问题之间互相关联，某个特定问题又可以分解为子问题，在开会解决问题之前先从众多的问题里面找到那些关键的、重要的问题是解决问题的第一步。磨刀不误砍柴工，对要解决的问题本身达成共识有时候值得专门开会讨论。
- **找到问题根因：** 识别问题之后，需要分析并找到根因。有些问题比较简单，比如客户投诉率较高，归类统计一下投诉的问题，把排名前三的问题找出来就可以发现原因。有些问题比较复杂，比如员工离职率高，有可能是工资待遇问题，有可能是公司文化问题，有可能是加班时间长，有可能是对上司不满意等。不同问题的原因差别较大，找到问题的根因是解决问题的前提。
- **提出解决方案：** 不论是针对问题提出解决方案，还是要开发新产品、举办一场年会或者开展一个项目，都需要提出方案或者建议，这个时候更多是利用头脑风暴会的方法。主持人要善于引导，构建开放自由的讨论氛围，并且避免对方案进行分析、批评和决策，而是鼓励提出更多的方案。

- **对方案进行决策**：有了若干可选的方案，就需要对方案进行选择，之所以把方案提出和方案决策分开，是因为提出方案需要发散思维，而对方案进行决策需要收敛思维，如果混在一起，会影响方案的质量。对于复杂的议题，可以分两次召开会议，一次提出备选方案，另一次进行方案决策。对于简单的议题，方案提出和方案决策可以放在同一会议的不同环节。
- **收集反馈和建议**：公司要推行一项新制度，部门要引入一项新举措，为了保证顺利实施，都需要召开会议，了解大家的反馈和建议，征求意见，答疑解惑，获得支持和认同，并且根据反馈建议进行修改和完善。
- **达成共识**：开会的一个重要目的是增进理解，达成共识，如果不理解、不认同会议决议但表面同意，或被动地贯彻上级的指令，执行起来效果就会大打折扣。达成共识的方法是让参会人把自己对方案和决议的建议和顾虑都提出来，通过充分的沟通讨论，达成一致意见。
- **评估及复盘**：当一项工作完成后，需要总结经验、沉淀好的做法，发现不足和差距，并提出改进意见，对工作流程进行优化，使后续同样的工作更加有成效，这就需要开评估会、复盘会，而评估及复盘的价值经常被忽略。

以上列举了一些常见的会议目标，实际工作中遇到的会议，根据具体的场景和问题会有不同的目标，需要会议组织者在会前思考和明确。我们常常对自己解决问题的能力比较乐观,认为通过一次会议就能识别问题、找到根因,提出解决方案并落地执行,但实际情况可能并非如此。对于简单的工作和问题,通过一次会议可能就实现了以上目标,对于复杂问题和重要工作,需要分几次召开会议,一次会议解决一个问题或者实现一个目标。

2.2.3 这样设定会议目标就对了

- **取一个与会议类型匹配的会议名称**:给会议取一个简单易懂的会议名称,比如"会前会""进度会""脑暴会""务虚会""部署会""研讨会""决策会",如进度会的目标就是确认项目进展情况,有什么问题和风险,是否需要资源和支持;脑暴会的目标就是提出更好的建议和思路;部署会的目标就是讨论如何制订计划、分配任务、配备资源。要让参会人明白会议的主旨和目标,并做相应的准备。
- **对难度较大的会议目标进行拆解**:如果一个会议目标要达成的难度太大,可以考虑分步骤达成。比如要推行"华南大区组织变革方案",可以分为三步走,第一步"讨论华南大区组织架构变革的必要性和可行性",如果第一步目标达成,第二步"提出华南大区组织变革的可选方案",在第二步目标达成之后,第三步才是"对华南大区组织变革方案进行决策"并推行,相应需要召开三次会议。

{场景案例}

有难度的会议分多次召开

A公司是服装行业TOP10的公司,华东区是其优势区域,去年A公司市场占有率为50%,排名第二的B公司市场占有率为20%,结果今年第一季度A公司的市场占有率下滑到30%,而B公司的市场占有率则超过A公司,达到35%。

面临从未有过的业绩下滑,市场营销部打算召开会议寻找原因并提出对策。市场部主管小张策划了一个会议方案,会议的目标是"针对市场占有率下滑提出市场提升策略并确定行动方案"。市场总监赵总认为通过一次会议解决这个问题有一定难度,他建议会议分为两次召开,第一次召开问题分析会,找到业绩下滑的问题所在,第二次召开策略研讨会,确定应对之策。

在问题分析会上,华东区的主要城市负责人通过对各个城市、不同产品第一季度的销售数据展开分析,发现销量下滑的主要问题在华东区的男装被竞争对手反超,通过开会研讨,进一步发现男装销量下滑的原因在于对上市的新款服装的市场推广力度不够。A公司以为凭借多年的市场积累和品牌影响力,不用做宣传推广也会有很多顾客购买新品,而竞争对手则对新上市的产品进行了较大力度的广告宣传,很多顾客被B公司的广告和一系列的市场营销活动吸引了过去。

在策略研讨会上，赵总召集华东区各区域负责人开会研讨，提出当前竞争形势已经发生了变化，竞争对手B公司在不断推出新品的同时，还加大了产品的市场推广力度，塑造自己敢于创新、为年轻一代生活方式代言的品牌形象，而A公司多年的品牌形象有点老化，缺乏新的时尚元素，所以需要积极地开展市场推广活动以应对竞争，提升和刷新自己的品牌形象。相应地，赵总做了一系列的行动部署和工作安排。

- **用一句话表述清楚会议目标：** 会议的目标应该简单明了，最好用一句话来概括，既要有一定的挑战性，又要现实可行，这也是衡量会议成功的标准。

  √ 找到A产品第一季度销量下滑最主要的原因
  √ 对于"双十一"的策划方案初稿进行讨论并提出优化建议
  √ 就今年是否进入华南大区进行讨论决策
  √ 讨论新的激励方案在试行期的问题并收集大家的建议
  √ 管理层讨论下属子公司的授权方案并达成共识
  ……

- **设定基本目标和挑战目标：** 对于会议目标，会议组织者需要提前思考，要达成的基本目标是什么，要达成的挑战目标是什么。确保基本目标的达成，如果会议比较顺利，尽量达成挑战目标。

{ 开会技巧 }

不同会议的挑战目标和基本目标举例

对于方案评审会：挑战目标是通过方案，基本目标是获取参会人的有价值的反馈建议，后续修改优化。

对于专题讨论会：挑战目标是得出解决方案并就后续行动达成共识，基本目标是发现真正问题，找到问题的根因。

对于策略共识会：挑战目标是参会人达成共识，基本目标是每个人提出自己的观点，让大家充分了解不同的想法、态度、观点，以便明白参会人的分歧所在。

- **明确会议产出：** 会议组织者在开会之前需要问自己一个问题："这个会议结束的时候，怎么样才算成功呢？"比如决策类会议，通过充分讨论得出了有效的决策就算达成了会议目标；如果是头脑风暴类会议，大家充分说出自己的想法并梳理出若干备选方案，就可以认为达成了会议目标；对于工作部署类会议，明确了此项工作的参与部门及人员、大家的分工和职责、最终的工作产出以及完成时间，就算达成了会议目标。

- **开务虚会或者准备会：** 对于一些重要的问题，比如公司的战略制定、部门的工作难点和瓶颈问题，如果会议的可行性、目标、参会人、议程等不容易确定，可以先开务虚会进行讨论，有了初步的共识后，再拟定会议目标、议程和参会人，并发出正式的会邀。

2.3 如何确定参会人

2.3.1 邀请谁参会是个问题

- **跨部门沟通导致参会人过多**：有些跨部门沟通会议和专题讨论会，如跨部门流程拉通会、产品质量问题讨论会，可能涉及销售、生产、采购等各部门，有些人是直接相关的，有些人是间接相关的，有时难以确定应该邀请哪些人，不邀请那些人，一不小心就变成了十几个人的会议。
- **组织层级多导致参会人过多**：有的公司因为组织层级较多，比如销售部门有销售副总、总监、部门经理、销售主管，如果遇到需要决策的会议，需要相关领导和专题负责人、参与人参加，人数就容易过多。
- **"陪会"现象严重**：有的公司领导喜欢开会的时候召集相关部门人员都参加，认为参会人越多越能凸显开会的重要性，导致有些人根本不发言，纯粹陪会。有的员工抱怨：有的会议根本不需要参加，却被通知参会，无可奈何地白白浪费2个小时。

参会人数越多，每个人发言的时间就会越少，充分讨论的难度也就越大。占用参会人的时间越多，会议的成本也越高，因此要谨慎选择参会人。会议人数过多容易让参会人觉得"有没有我都没关系"，从而积极性和责任感降低。

2.3.2 参会人的角色

对于3～5人的小规模会议、非正式会议，参会人的角色不是特别明显，对于超过 8 人的会议和比较正式的会议，就需要设定会议角色。参会人越多，会议越正式，会议的复杂性就会越高，而且好的会议就像情景剧一样，不同的角色让大家有身份感，增加会议的仪式感，参会人的兴趣和投入度都会提高，会议的效果也会越好。一般来说，参会人有如下的角色。

- **组织者：**会议组织者对会议讨论的议题负有直接责任，对于会议的目标达成和成功负责。部门例会的组织者一般为部门负责人，专项会议的组织者为项目负责人，战略研讨会的组织者为战略部门负责人。负责人可以将会议的组织工作委托给部门人员，但是需要参与一些关键环节，如开会目标、开会策略的确定，以及会议议程的讨论，并需要给出指导意见。具体的人员邀约、会议室预订等工作可以委托给其他人。
- **主持人：**小规模会议（7 人以下）或者非正式会议的主持人一般为会议组织者，因为组织者对议题更熟悉，更容易对会议进行引导。大规模会议或者正式会议可以由会议组织者主持，也可以请其他人员主持，层级和规格较高的会议，比如战略研讨会，可以请对公司各项业务比较了解的副总裁级别的人员主持。如果是部门周例会，可以由部门员工轮流主持，主持人一般对会议议题比较熟悉或者有过深度参与，能够理解大家的观点并且引导讨论，而且常规类会议的轮流主持对于员工也是很好的锻炼。

{ 开会技巧 }

如何确定会议的主持人？

如果议题不存在重大分歧，可以由组织者自己做主持人；如果存在分歧，就最好请一个主持人，而且这个主持人需要有一定的影响力，被各方认可，能起到中立和协调作用；如果需要决策且意见比较多，可以请最高管理者作为主持人。

- **发言人：** 所有在会议上提供信息、建议、反馈问题、参与讨论、做出决策的人都可以称为发言人，发言人也是会议的主体，发言人的角色又可以分为以下几类。

  ✓ **信息提供者：** 所负责或参与的工作与会议讨论主题相关的人，都可以作为信息提供者。比如，要讨论客户投诉率高的问题，一线的客服人员就是相关信息提供者。如果只是单方面提供相关信息，也可以请其他参会人或主持人在会议上代为发表。

  ✓ **专业建议提供者：** 专业建议提供者有两种，一种是在相关工作领域有资深经验的人士，比如讨论组织和人力资源相关问题，公司的人力资源经理、人力资源总监就可以作为专业建议提供者；另一种是其他部门与本工作相关的人员，比如讨论跨部门流程优化，信息部的人员可以从流程的信息化方面提供专业建议。

  ✓ **决策者：** 如果在会上需要做出决策，就需要决策者参加，如果仅仅是讨论出一个备选方案，则不用邀请决策者。而对于决策类会议，只需要关键人员和决策者参加，人多反而不好做决策。

- ✓ **外部专家**：在某些会议场合，比如战略研讨会、流程研讨会，如果条件允许，可以邀请外部专家参与，提供方法论、行业案例等，他们也可以站在第三方观察员的角度，提供建议和意见。
- ✓ **蓝军**："蓝军"的概念是从军事演习"红蓝对抗"的情景中引申出来的，意指扮演"反方"角色的人，华为曾经引入"蓝军"的概念和角色，为某项重大决议提供反对意见，从而使决策更加合理科学。在某些会议上，特别是重大讨论会或者决策会议，引入"蓝军"角色可避免"群体思维"，提高决策的科学性。

〔知识点〕

群体思维

"群体思维"是一种心理现象，指人们在群体中对达成共识（而不是产生分歧）的强烈倾向。人们更容易收起自己（不同）的观点，采纳群体中其他人的意见。即使内心不同意群体达成的意见，人们也会选择保持沉默，不愿意破坏群体的一致性。"群体思维"是"从众效应"的一种，有可能会导致对于一些有问题的决策的默许或者视而不见，从而造成不良甚至恶劣的后果。

{ **最佳实践** }

通过设置"蓝军"角色避免决策失误

A公司为了避免重要事项的决策失误,在关键会议上,专门设置有"蓝军"角色,而且不止一位:"蓝军"需要提前梳理一些反对意见或者对方案和决策的风险进行评估,找出可能的风险点,也可以与其他同事进行沟通交流,了解大家的想法和建议,在会议上作为"蓝军"代表进行发言,从而引发参会人的讨论。对于有实质性建议、起到了积极作用的"蓝军",公司还会在半年度和年度会议上进行表彰。

- **记录人:** 会议记录人是很重要的角色,正式的会议会提前确定记录人,而小规模会议或者非正式会议可能没有记录人,这时候会议组织者需要当场确定记录人。任何一场会议、即使是一对一的会议、非正式的会议,也需要有会议记录,哪怕写2~3条会议要点,会后发给参会人,并且转发给相关人员,也好过没有任何记录。
- **决议执行者:** 会议的决议需要落地执行,让落地执行人员参会可以使其更好地理解决议产生的背景和过程,他们也可以从执行的角度提出问题,对于可能需要的资源支持提出需求。

以上列举了会议中可能涉及的会议角色,但并不意味每场会议都需要这些角色,在组织会议的时候,组织者应在考虑相关人员对会议的价值贡献后定向邀请,有的会议可能不需要某些角色，有的参会人可能一人身兼多个角色。更多的参会人会提供更多的信息和意见，但人数越多，会议的难度越大，发言的积极性会越低，会议组织者需要在邀请更多相关人员与提高会议效率之间找到平衡。

2.3.3 确认参会人的方法

- **识别会议关键人**：会议关键人指对会议结果有重大影响的人，比如两个部门要开工作互通会，则对方部门的负责人就是关键人。如果要开项目进度会，则项目负责人就是关键人。一般 8 人以下的会议至少会有 2～3 位会议关键人，如果会议关键人对于会议的思路有不同意见，则需要重新审视会议的价值，即是否需要开会以及是否需要调整会议主题和议程。
- **必须设置的会议角色**：主持人、记录人为必须设置的角色，即使是小规模会议，也需要有人主持和记录。对于小规模会议，可以把会议要点直接发到工作群里或者点对点发给参会人。
- **参会人背景和类型的多元化**：不同背景和类型的人员可以提出差异化的建议，会上做出的决策也会更合理。遇到有利益关系的议题，应该邀请各相关方参会。
- **每个部门邀请一个代表参会**：邀请对讨论的问题有发言权的人，可以先邀请部门负责人，如果他认为可以委托给部门其他人员，就可以由相关人员代为参会。

- **跨部门会议考虑级别对等原则**：对于跨部门的会议，邀请的参会人应该是同级别的，如果 A 部门的部门负责人参会，则 B 部门和 C 部门的部门负责人也应当参会，除非是讨论某个专题项目，A 部门的部门负责人作为项目负责人，其他部门的核心人员是项目成员，则其他部门的负责人可以不用参加。
- **确认必须参会人与可选参会人**：对于有些不好确定参会人的会议，可以将必须参会人和可选参会人分开在议程中进行说明，可选参会人根据自己与议题的相关性、对工作的价值以及对会议的贡献确定是否参会。
- **提前开小会，派代表参加**：如果参会人范围过大，可以安排小团队提前讨论问题，小团队内部达成一致意见后派代表参会。

2.4 如何设置会议议程

2.4.1 议程设置的痛点

- **千篇一律的议程**：有些会议组织者在发会议通知的时候，只是复制一下之前的会议议程，改一下发言人，设置议程变成了"例行公事"，让参会人对会议没有任何期待，会议的质量很难保证。
- **方案汇报时间太多**：有时候 1 小时的会议，方案汇报的时间占到了 30 分钟甚至 40 分钟，留给讨论的时间非常有限，最后很难得出有效的结论，要么议题不了了之，要么还要再找时间开会讨论。
- **每个议程时间均等**：如果 1 小时的会议有 3 项议程，则每项议程 20 分钟，如果有 4 项议程，则每项 15 分钟，这样看上去公平合理，但是很可能没有抓住重点，导致平均用力，没有解决重要的问题，无法达成会议目标。
- **会议议程排得"满满当当"**：有的会议组织者想通过会议把所有的问题都讨论解决，所以把议程排得特别满，1 小时的会议有 6 项议程，每项议程讨论 10 分钟，结果导致每项议程都讨论得不充分。
- **被"抛到一边"的议程**：有时候议程虽然设计得很详尽，但是实际执行的时候并没有按照议程来，要么是某个问题太重要，占用了太多时间；要么是在讨论的时候偏离原议程，没有得到及时纠正；要么是领导在会上认为应该讨论更重要的问题，因此原议程被放在了一边。

2.4.2 议程设置的方法

- **重要议程优先**：如果一个会议有多项议程，其中必定有一项议程的重要性要高于其他议程，把这项议程找出来。优先讨论最重要、最有挑战、最难的议程。

{ 开会技巧 }

如何识别重要议程

如果是问题解决类会议，则识别关键问题的重要性要高于寻找原因，寻找原因的重要性要高于给出可选解决方案，因为前面环节的结论为后面环节的讨论提供了有效的输入，环环相扣，前面的议程产出质量不高，必定会影响后面的议程。如果一个会议多项议程没有关联性，也需要找出更重要的议程，一般来说，用户界面的问题比公司运营的问题更重要，前台的比中后台的更重要，涉及面广的比涉及面窄的更重要。

- **为议程分配合理的时间**：根据议程的重要性和难度，为重要和有难度的议程分配充足的时间，方案汇报占的时间一般不应超过会议时间的 1/3，需要给讨论和决策留出必要的时间。

- **避免开超过 1 个小时的会议**。

  - √ 30～60 分钟是开会的最佳时间区间。如果参会人在 5 人以下，且只有单一议程，30 分钟最佳，这个时间既能保证充分讨论，又不至于因时间太长而降低效率。
  - √ 如果涉及公司高层参加且有 2～3 项议程，最好保证 60 分钟，需要给方案汇报留时间，也要给高层点评和发表意见留一定时间。
  - √ 如果涉及 3 项以上议程，且参会人有 10～15 个，可以考虑设置 60～90 分钟，但并不建议每次设置超过 3 项议程，且人数太多、超过 90 分钟的会议开到后面效率会很低，也很难产出质量高的观点、建议和决策。

- **议程加上发言人**：比较正式的会议会在议程后面加上发言人，以便让发言人提前准备，这样他会更加重视，发言质量也会更高，非正式的会议也可以用这个方法。发言人可以不止一个，除了主发言人，还可以设置点评人、蓝军等角色。
- **减少常规会议汇报事项**：常规类会议比如经营分析会，不用每个部门排排坐来汇报。可以根据每个阶段工作开展情况选取重点部门来汇报，其他部门提交工作进展通报材料，让参会人了解信息即可；部门周例会也不需要每个人都做汇报，对于进度正常的工作不用汇报，主要汇报有难度的、有问题的、有风险的、需要支持和协助的工作。
- **不同人员参加不同议程**：设置会议议程的时候，不同议程可以由不同的人参加，他们可以根据议程进入或者离开会议，这样既可以节省参会人的时间，也可以产生仪式感，使在某个议程上的人珍惜时间和机会，聚焦议程进行思考，提出建议。
- **每个议程设置一个负责人**：如果一场会议有多项议程，可以为每项小议程设置一个负责人，由他负责这项议程的讨论和成果产出，包括准备材料、邀请参会和发言人员等。每项议程都有负责人，大家会有不一样的期待和感受，会议效果也更好。

2.4.3　常见议程设置举例

不同的会议类型有不同的议程设置方法，以下是常见的设置方法。

类型 1：方案讨论会的议程设置，如表 2-1 所示。

表 2-1　方案讨论会的议程设置

议程设置	时间安排	参与人
1. 方案介绍	10 分钟	汇报人
2. 方案讨论	20 分钟	所有参会人
3. 后续计划和行动计划	10 分钟	主持人/决策者

方案讨论会的议程适用于多个场景，只要有具体的方案和提案需要讨论都可以参考此议程设置，关键在于控制方案汇报的时间，把更多时间留给方案讨论。

类型 2：专题讨论会的议程设置，如表 2-2 所示。

表 2-2　专题讨论会的议程设置

议程设置	时间安排	参与人
1. 说明当前工作面临的痛点和问题	10 分钟	所有参会人
2. 分析问题，寻找根因	20 分钟	所有参会人
3. 讨论解决问题可能的策略	20 分钟	所有参会人
4. 策略选择及后续行动建议	10 分钟	主持人、组织者、决策者

以上是专题讨论会的逻辑和程序，对于比较复杂的专题，往往很难在一次会议上讨论清晰并给出可行的方案，可以将每个环节都作为一次会议来讨论；对于简单的专题，可以参考以上议程在一次会议中讨论清楚。

类型 3：如果有多个不相关议题，议程设置如表 2-3 所示。

表 2-3　多议题讨论会的议程设置

议程设置	时间安排	参与人
议题 1	30 分钟	发言人
议题 2	15 分钟	发言人
议题 3	10 分钟	发言人

对于多个不相关的议题，需要把重要的议题排在前面并且分配比其他议题更长的时间。

根据会议类型、会议目标的不同，会议议程有不同的设置方法，总体原则是遵循特定的结构化的逻辑框架，《好会议是策划出来的》⊖中介绍了8种结构化的逻辑框架，包括"起承转合型""发散–收敛型""问题解决型""目标探索型""过去未来型""构思企划型""环境适应型"等，感兴趣的读者可以进一步阅读学习。也可以根据"六顶思考帽"的方法，在一场会议中选取若干个"思考帽"，有逻辑地讨论特定的问题，具体可参考本书附录1。

2.5 如何准备会议材料

2.5.1 理解参会人的关注点

准备会议材料的目的是把你知道的信息完整地传递到参会人的脑子中，让他们更好地理解你要表达的要点和传递的信息，同时也需要在会议材料中呈现他们的关注点，而不能仅仅是自说自话，只有这两点同时实现了，才是一份好的会议材料。

失败的会议材料如图2-3所示。

⊖ 堀公俊，加藤彰. 好会议是策划出来的 [M]. 袁媛，译. 北京：东方出版社，2014.

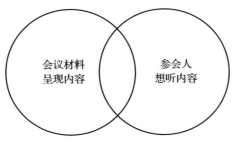

图 2-3　失败的会议材料

成功的会议材料如图 2-4 所示。

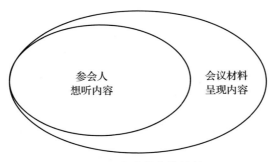

图 2-4　成功的会议材料

会议材料的制作需要考虑不同的受众对象，考虑参会人知道什么信息，不知道什么信息，想了解什么信息，从而确定哪些信息需要在会议材料中体现出来。经常会出现这种情况：汇报人写了很多会议材料，上级领导粗略地看一下，直接问自己关注的问题。这说明会议材料并没有体现出领导的关注点，《开会的革命》㊀中提到，当做报告要发送的与听报告

㊀ 多伊尔，斯特劳斯. 开会的革命：会议效率倍增的学问[M]. 刘天佑，译. 北京：国际文化出版公司，2004.

要接收的相一致时,报告就是有效的。如果你的报告讲述的内容是大家不感兴趣或早已知道的,那就是纯粹浪费你和听众的时间,毫无意义。

在会前需要明白此次会议重点沟通的对象是上级管理层、部门内部人员还是公司外部人员。即使讨论同样的主题和会议材料,和不同的人开会,展示的重点信息也是不同的。

如果对于参会人所关注的重点不太清楚,可以在会前与他们沟通,获取他们对本次会议的期望和关注点,这样再准备会议材料就会目标更明确,效率更高。会议材料准备好后,可以提前发给参会人,请他们反馈自己的关注点是否得到体现,这样做就需要在会前 2~3 天发出材料,而不是会前 1 天或几个小时。

2.5.2 根据不同的会议类型和目标准备会议材料

会议的类型和目标不同,会议材料呈现的重点也不同。

- **专题讨论类/问题解决类会议材料**:需要呈现问题的背景、问题要点、问题的原因分析、解决方案、需要的资源和支持、后续行动计划。
- **头脑风暴类会议材料**:此类会议需要大家充分发挥创造力,提出更多的解决方案,准备材料可以精简,尽可能真切地表现和还原问题的痛点、难点和原貌,激发参会人的感同身受,也可以找一些外部的案例给参会人做启发。
- **决策类会议材料**:需要呈现不同备选方案的要点、优势、劣势，以及需要的决策点，同时需要思考材料中决策的输入条件是否充分，是否让决策者掌握了可以做出决策的必要信息。

{ 最佳实践 }

亚马逊的"1页纸"和"6页纸"会议材料[一]

（1）用word来写会议材料；会议材料分为两种，1页纸和6页纸。

（2）简单的会议用1页纸，如活动策划方案、专题讨论方案，说明背景、问题、对策、结论。

（3）复杂的会议用6页纸，如年度预算和大型项目策划，说明项目的详细内容。

（4）为了避免思维僵化，1页纸和6页纸的会议材料没有固定模板和写作方法。

（5）会议材料能让人在短时间内轻松读完，无论谁在何时阅读，都能获得完整信息。

（6）会议材料在会议开始时分发，参会人不必事先预习。

2.5.3 会议材料的准备建议

- **在材料前面总结一页要点**：如果PPT超过10页，可以把材料的核心要点总结成一页，不是复制粘贴相关内容，而

[一] 佐藤将之. 贝佐斯如何开会 [M]. 张含笑, 译. 沈阳：万卷出版公司, 2021.

是根据自己的理解"浓缩"出核心内容。想象一个场景，你要给上级汇报工作，却忘了带电脑。面对上级你如何把汇报的内容清晰、完整、连贯地讲出来，你就如何把这些内容写在 PPT 的第一页，相当于亚马逊的"1 页纸"。

- **把会议材料压缩到 5 页 PPT 之内**：如果 PPT 超过 10 页甚至更长（有些材料会多达几十页 PPT），尝试把材料压缩到 5 页 PPT 之内，根据不同会议类型和目标需要呈现的要点，每一页 PPT 说明一个要点即可，如果还有其他需要拓展和补充说明的内容，可以放到附件里供参阅。
- **最好的材料是看完不用讲解**：写得最好的会议材料应该是让参会人看完之后，完全清楚你要传递的信息，不需要再做解释说明。会议材料写得越清晰、简洁、切中要点，会议上用来讲材料的时间就会越短。这样可以把更多的时间用来提问、讨论、商议和决策。

2.6 如何主持好会议

2.6.1 主持人的定位

高效的会议需要合格的主持人，主持人就像"驾驶员"，保证会议能够平稳、高效、顺畅地驶向"终点"——会议想要达成的目标。主持人也是"交通警察"，制定规则并让参会人遵守，解决交通中的"撞车""拥堵"事件，让会议讨论有秩序地顺利进行。主持人更像"总管"和"客服"，确保会议有充足的输入，通过一定的群体讨论方法、规则和技巧，让会议产生想要的输出和成果。优秀的会议主持人需要做到以下几点。

- **明确会议目标和产出**：始终明确会议的背景、要解决的问题、会议目标、本次会议的产出及成果，并在会议开始的时候、会议过程中把这些关键信息及时地传递给参会人。
- **了解参会人及其观点**：了解参会人，知道每个人的优势和特长以及对本次会议可能的贡献，及时引导大家参与到讨论中。
- **引导会议讨论**：组织和引导参会人在正确的方向上进行讨论，能够对每个人的意见进行总结、概括和客观公允地评价。
- **处理会议常见问题**：对于会议中的常见问题能够有效地处理，如讨论偏题、发言不积极、意见太过分散、会议缺乏进展、缺乏高质量的建议、达不成一致意见和决策等。
- **根据会议进展做出决策**：能够判断会议的进展，评估会议进展与达成目标的差距，并对会议的方向适度地掌控，有决定会议是否结束和是否要重新召开的权力。

2.6.2 主持人在会前做哪些准备

- **理解会议背景、目标**：如果主持人就是会议组织者，在准备会议的过程中需要理解会议的背景和目标；如果主持人不是会议组织者，需要与会议组织者沟通，确保自己对会议的背景和目标有很好的理解。
- **提前了解参会人**：提前对参会人进行了解，包括他们的优势、对会议可能的贡献，如果涉及与参会人利益相关的会议决策，需要清楚不同人员所持的观点和立场。明确会议的关键人员，他们的观点、建议和倾向对会议结果有很大影响。对于一些关键会议，为了达到会议目标，可以提前与关键人员进行沟通。

- **思考可能的风险和问题**：提前对会议的风险、难点及可能遇到的挑战进行评估和预判。是输入信息不足？是参会人的动力不足？是有几个不同的方案难以确定其优缺点和可行性？还是参会人的思想不统一，未达成共识？如果发现存在较大的问题和风险，需要和会议组织者沟通，评估会议的准备是否充足，是否达到开会的条件。
- **提出自己的"方案"**：主持人有两种角色，一种不参与具体方案讨论，另一种会参与方案讨论。在大多数会议中，主持人是部门负责人或项目负责人，需要参与讨论并做一定的引导，需要有自己预想的答案和解决方案来"兜底"。如果遇到会议冷场或者太过发散，可以把自己的解决方案拿出来，给大家提供参考和启发。
- **组织"会前会"**：如果参会人对于会议的背景、目标和达成的成果理解不够充分、差异太大，或者会议本身比较重要，主持人可以组织"会前会"，一般可以叫作"××会议沟通说明会""××会议筹备会""××会议会前会"，专门就会议的背景、目标和内容做一次沟通，确保达成共识和理解一致。

2.6.3 如何简洁高效地开场

- **会议前的沟通：** 作为主持人，应提前 5～10 分钟甚至更早的时间到会场，确认会场的设施设备是否准备好，与先到会场的参会人做一些非正式的沟通，如果之前不认识，可以先互相认识，增进了解；如果是认识的同事，可以聊一些近期的工作情况。会前沟通并不是要解决具体问题，主要目的在于创造一种轻松、开放的交流氛围。
- **会议开始：** 不论人员是否到齐，会议都应该准时开始。如果有关键人员未准时到场，可以在他到场之后简要补充说明相关内容，其他人员可以通过会后看会议纪要了解相关信息，主持人也可以在阶段性小结的时候向迟到的人员简要补充其需要了解的内容。
- **自我介绍：** 如果参会人里面有第一次见面的人员，主持人需要做简单的自我介绍，说明自己的部门和职位，也可以介绍一下自己负责的工作，表明自己有相关工作经历及能力来做好主持，提高参会人对主持人的信任感。

{ 开会技巧 }

主持人开场话术

开会时间已经到了，会议现在开始。欢迎各位来参加×××会议，我是本次会议的主持人，来自×××部门的×××，很荣幸能主持本次会议，我们这次会议的目标是×××。

- **介绍会议目标和主题。**
  - √ 在会议开始的时候,主持人应该用 1～3 分钟简述会议的背景、目标、议程和最终希望达成的效果,即使在会议通知中已经有这些内容,重申一下有助于让大家的注意力集中在会议要达成的目标上,也便于后面控场和引导大家围绕主题讨论。
  - √ 会议开始的时候,主持人需要明确本次会议的主题及重点,是希望大家提供更多信息,对某个方案提出反对意见,还是讨论通过某项决议,这些都需要向参会人说明,也应说明哪些议题和话题不作为讨论范围,提前控制偏题的风险。
  - √ 介绍完背景和目标之后,可以问一下大家是否有不清楚的地方,如果有问题可以提问,确保参会人对于会议的议程和目标理解清楚,但是避免在这个环节花过多时间。

{ 开会技巧 }

设置"阶梯型"会议目标

"我们今天的目标是就×××主题达成一致意见,如果本次不能达成共识,希望可以了解到各位的观点和想法,知道分歧在哪里。会后我们进行专题讨论和研究,最终达成共识。"

- **介绍参会人:** 如果会议中有初次见面的人,主持人可以请相关人员介绍一下各自背景、职位、优势领域,增进彼此了解，为后续讨论做铺垫。

- **制定规则：** 作为主持人，需要在会议开始时制定一些规则以更好地控场，比如"每个人发言不超过3分钟""每个人发言不超过3次"，规则不要太复杂。最简单的规则也好过没有规则，会议规则如同游戏规则一样，可以让参会人有参与感，并且对会议抱有期待。会议规则也会产生一种仪式感和约束感，让每个人重视别人和自己的发言。

{ 开会技巧 }

开会手机静音或关闭

一个重要的规则是把手机收起来，专门设置一个"停机坪"或者将手机倒放、静音。除了主持人和记录人，其他参会人应合上电脑。

- **确定会议记录人：** 如果会前没有确定会议记录人，主持人需要在会议开始的时候确定临时的会议记录人。

{ 场景案例 }

主持人介绍会议目标和议程

在回顾部门半年工作的复盘会开始时，主持人发言："这半年我们部门做了不少工作，有成绩也有不足，今天我们用一下午的时间，讨论部门当前工作中存在的不足和问题，以便提出改进方案，今天会议有三个议程。

1. 每个人讲一下自己认为的部门工作中存在的问题。
2. 针对这些问题我们分析一下原因是什么。
3. 找到原因之后,讨论改进策略和行动计划。
第一个议程每个人 3~5 分钟,接下来请小李开始。"

2.6.4 会议如何主持与讨论

- **营造会议氛围**。

主持人要善于营造轻松、积极、开放的会议氛围,目的在于让参会人积极发言。营造会议氛围的方法主要有以下四个。

- ✓ **邀请有准备的人员先发言**:参会人对于会议主题的理解程度和准备程度是不同的,主持人根据对参会人的了解,可以邀请发言活跃、准备充分的人员先发言,也可以邀请自己熟悉的人员先发言,进而带动发言的氛围。
- ✓ **头脑风暴,打消疑虑**:参会人不愿意发言主要有两个原因,一是担心自己的建议不成熟,贡献不大;二是担心有其他人反对。主持人需要消除大家的担心,可以利用头脑风暴会的方法,先让大家尽可能地多提意见,再讨论意见的可行性,而不是有了意见后立即评论或否定。
- ✓ **及时肯定和鼓励**:每个人都希望得到肯定和鼓励,开会的时候同样如此。发言之后,如果主持人或其他参会人对其进行及时的回应和肯定,对发言人是非常有效的激励,也能调动其他人发言的热情。即使对于建设性不大的发言，也可以从发言的态度和勇气方面进行肯定。
- ✓ **会场走动，活跃会议氛围**：作为主持人，不要一直坐着，如果会议空间足够宽敞，可以来回走动以调节会议的氛围和节奏，引导大家做出积极思考和改进。

- **引导参会人发表意见。**
  - ✓ **确保每个人发言**：在10人之内的会议上，主持人应当照顾到在场的每一个人，保证每个人都能发言，让每个人都对会议有所贡献。
  - ✓ **根据参会人的优势引导发言**：主持人要熟悉每个人的特长、优势（特别是部门内部会议），把当前的话题与参会人的优势、特长结合起来，引导他们从自己擅长的地方发言。

{ 开会技巧 }

根据参会人个人优势引导发言

"小王，你有很好的批判性思维，你认为这个方案的不足和风险可能会是什么呢？"

{ 开会技巧 }

根据参会人工作经验引导发言

"小李，你之前写过一个通过客户旅程的视角优化餐厅服务流程的方案，根据你的经验，这个方案对我们优化新员工入职流程有什么启发呢？"

- ✓ **清除疑惑，确保理解**：主持人应确保参会人清楚地表达自己的观点，也确保其他人充分理解他的观点；如果有人讲的内容不容易理解，主持人应该站在大家的角度上请发言人进行解释说明。
- ✓ **保持多种意见**：会上大家的意见不一致是常态，为了保证会议的产出质量，应该适度保持意见的多样性，在会议过程中提出 2～3 个备选方案以备决策。

• **总结、拆解并引导讨论**。
- ✓ **总结发言**：每一个议程或者每个人发言结束之后，主持人可以进行适当总结，重述并明确有价值的观点，作为会议的成果和产出，让参会人可以基于此继续展开讨论，同时也可以承上启下，引导讨论方向。对于偏离目标和方向的内容主持人要及时进行提醒，让参会人在后续的讨论中注意；如果参会人发言简要、要点清晰且在会议的方向和主题内，主持人则可不再总结。主持人需要根据会场情况判断总结是否必要和有价值。
- ✓ **拆解问题，引导讨论方向**：这个阶段，主持人应该扮演更加积极主动的角色，排除不相关议题，排除不可行建议，引导讨论关键问题，让建议和讨论更加具体，有针对性，就像打仗攻下最难的堡垒一样。这应该是会议最有价值和最高潮的部分，主持人应该调动大家的积极性和热情，全身心投入，共同找出解决方案，做出决策。
- ✓ **判断进展，采取策略**：观察参会人的情绪、状态、肢体语言，识别他们对不同观点的支持、反对和采纳程度，从而判断会议的进展情况以及达成目标的可能性，并及时采取对策。

{开会技巧}

根据讨论进展采取应对策略

（1）对于没有充分发言和讨论的情况：通过引导、提示、提问鼓励大家发言，甚至可以点名请参会人发言。

（2）对于发言了但没有结论的情况：对发言进行分类、归纳、总结，并指出现有结论的进展，距离目标还有哪些不足和差距，引导大家得出结论。

（3）对于有不同结论、不能决策的情况：引导参会人分析不同方案的优势和不足，必要时可以请大家举手表决。

（4）对于没有实质性进展或者其他较难解决的问题：可以暂时休会，或者结束本次会议，分析原因，提出对策，在条件具备时再召开会议。

{开会技巧}

"六顶思考帽"主持方法

开会最常见的问题是发言太过发散、你一言我一语，这也是最考验主持人水平的时候，最有效的是用"六顶思考帽"的方法，对参会人的发言进行总结整理，肯定各自发言的角度和对会议的贡献，并且引导大家围绕目标进行讨论，具体可参考本书附录1。

2.6.5　主持人如何记录会议成果

- **用白板记录参会人的发言要点**：对于主持人，白板是一个很实用的道具，用白板记录会议发言要点既可以让发言人觉得自己的建议和思路受到重视，从而提出更多意见，又可以使会议内容成果化，便于总结整理，还可以让主持人有控场的感觉，引导会议的讨论方向。
- **运用 PMI 思维方法进行记录**：PMI 思维方法把所有的观点分为有用观点（Plus）、无用观点（Minus）、有用但与本次议题不相关的观点（Interesting）。与会议议题不相关的观点可以放在"停车场"（Parking Lot）以供会后处理，这样做同时也可以给大家传递这方面的意识，让参会人尽量提出与议题相关的观点和建议。

{ 开会技巧 }

白板记录的方法

（1）会议开始，写下会议的目标、议程和重点问题，然后把大家的注意力引导到目标和重点问题上。

（2）在过程中，把有价值的观点、会议共识和后续行动记录下来。

（3）把有价值但与本次讨论议题不相关的建议记录下来，会后发送给议题相关人员。

（4）把无法达成一致意见的建议和观点也记录下来，考虑是否需要再开会讨论。

如果参会人比较少（比如 10 人以下），主持人可以自己做记录；如果参会人比较多（比如 10 人以上），主持人可以请一个记录人员做会议记录，自己专注于组织和引导参会人讨论；如果主持人有能力同时组织讨论和记录，也可以同时进行。

2.6.6 会议主持常见问题处理

会议主持其实是一种平衡的游戏，既要激发参会人的发言欲望，又要及时对某些不符合会议目标的讨论进行纠偏、引导甚至制止。让大家愿意发言，又不能随心所欲，这是最好的状态。会议主持人就像导演，既要让大家发挥最好的水平，也要及时叫停不符合要求的动作并有效应对问题。会议主持人要能够处理无效讨论和棘手的冲突，以下是常见的问题及其处理方式。

- **发言时间过长**：会议中常见的问题是发言时间过长，日常会议中每个人的发言时间不应超过 3 分钟，在会议开始之前确定会议规则时就应明确每个人发言的时间。

{ 开会技巧 }

限定发言时间

"根据刚才小王的方案，接下来每个人提出自己的观点和建议，相信大家之前都看过方案，也都有自己的思考，为了提高效率，每个人的发言控制在 3 分钟之内。"

这样提示的目的是让大家发言时注意控制时间，但可能还是有人会超时，这时候主持人需要及时提醒。

{ 开会技巧 }

直接打断发言超时者

"我打断一下，小王，请注意控制一下发言时间。"

控制会议时间最简单的方法是提醒发言人已经超时，这样多少会有点生硬，但是确实很必要，如果主持人想更好地控制节奏，就需要倾听并理解发言的观点和论据，并及时地总结和参与，这样才能有效地制止无效发言。

{ 开会技巧 }

有技巧地打断发言超时者

"小王，我们理解你的观点，你是支持方案 A 的，我们也都知道你支持方案 A 的原因，还有其他新的观点和理由吗？如果没有的话，先请其他同事发表他们的观点，你后面如果有新的观点可以再补充。"

发言时间过长主要有两种情况：偏离主题和陷入细节。

√ **偏离主题**：开会跑题是最常见的问题，主要是因为对于会议的目标和要解决的问题不清晰，这就需要主持人在会议的开始进行强调，并在过程中积极引导；有时候是因为参会人准备不足,即使明确会议的目标和要点,也不能提出有效的观点和建议,转而讨论一些其他话题,这需要参会人在会前做充足的思考和准备。

{ 开会技巧 }

发言偏题时的引导话术

"小王,你刚才提出的是解决销售下滑问题的方案,我们现在讨论的是引起销售下滑的因素,是否可以在下一个议程再给大家分享你的解决方案?"

- √ **陷入细节**:会议的时间是有限的,应该聚焦于关键的问题及目标,如果稍不注意,就容易陷入细节问题。比如当讨论市场策略的时候,很容易就开展市场工作的具体行动展开阐述。一旦发现谁有讨论细节的倾向,主持人应该及时介入,帮助其梳理发言要点,确认他想表达的意思,委婉地指出会议上不必阐述太多细节,引导回到关键问题和主要议题。

{ 开会技巧 }

陷入讨论细节的引导话术

"小李,我打断一下,你的观点对大家很有启发,不过这次会议我们不需要讨论得这么细致。在这个话题上你是否还有其他建议,如果没有的话,我们请小赵提一下意见。"

- **发言不积极**。
  - ✓ **请与会议相关度不高的人员离场**：如果会议前期组织和准备不足，可能会邀请到与会议主题相关度不高的人员参会，如果现场发现有些人员与会议主题的相关度不高，可以沟通后礼貌地请他们离开会议，或者发表完自己的观点后提前离场。
  - ✓ **对于"心不在焉"者及时提醒**：有些人员看似在开会但长时间不发言，很可能是思想不集中或在处理其他工作，主持人可以适时地提醒一下："小赵，你对这个问题有什么看法？"即使他回答不上来也没关系。让他意识到自己的问题，后面他会更加投入会议，其他参会人也会更加专心。
  - ✓ **设置"蓝军角色"激发会议活力**：当会议氛围沉闷，大家发言不积极的时候，主持人可以引导大家对已有的观点进行反驳和"挑刺"，鼓励提出反对意见；也可以在开始的时候就设置"蓝军"角色，而并不是为了反驳而反驳，而是为了提出更好的解决方案和调动讨论的氛围，激发参会人的思路。
  - ✓ **发表自己的观点和看法，以启发大家的思考**：开会难免会遇到大家都没有思路或者有时候没人发言的情况，为了不使会议冷场，主持人需要自己"客串"一下，或者总结其他人的看法，或者针对某个人的发言提出问题，或者提供新的思路，目的是激发大家思考，让讨论得以进行。

✓ **短暂休息再启动讨论**：有时候参会人都做了充分发言，还是缺乏可行的解决方案，这时候可以暂停3～5分钟休息一下。休息中间主持人可以与主要人员单独交流或者思考推进策略，如果确实推进不下去，也可以结束会议，并总结会议进展、后续要做的工作以及下一次开会时间。

- **争论不下，达不成一致意见**：如果经过讨论还不能得出结论，说明缺乏对不同方案的充分论证，难以进行决策，这时需要进一步获取相关信息和材料，根据工作进展再次召开会议。

{ 场景案例 }

对于争论不下的问题再开会讨论

A公司市场部的张总组织召开了一场关于新产品市场推广策略的研讨会，在会上两个得力干将对于市场推广节奏的看法出现了分歧：小赵觉得当下的市场时机很好，应当加大广告宣传力度，抢占市场；而小马却认为当前竞品正在加大宣传力度，应该再观望一段时间再进入市场。

作为主持人，张总应当承认两人意见的合理性，避免分歧升级，如果在会上不能做出决策，可以停止开会，会后针对两人的建议做一些数据收集和研究，也让相关同事思考两人的建议，并考虑是否有其他更好的替代方案，选择合适的时机再召开一次会议进行决策。

- **会议"搅局者"**：在会场可能会遇到特别难以"对付"的人，要么有固有的立场，要么专门挑毛病。

  - √ **对于有固有立场的人**：可以让他阐述清楚自己的立场和观点，然后引导大家对他的立场和观点发表意见，如果大家都觉得不可行，那他也不好和大家为敌，自然就会收敛。如果有人认可他的建议，那就需要认真对待。切记，主持人不能自己冲上去反驳他，这样会让他更加坚定立场，主持人也容易陷入被攻击的处境。
  - √ **对于专门挑毛病的人**：首先肯定他的问题和提问方式，而不是结论。然后再引导大家做出回应，从而避免自己直接和他发生冲突。

{场景案例}

请反对者提出合理化建议

在如何提高产品性能的研讨会上，张经理提出了一项新的建议，提出之后，本部门两位同事表示反对，认为这样做成本很高，对于产品性能的改善没有太大帮助，作为主持人应该如何处理呢？

处理方式 A：与提出反对意见的同事沟通他们是否有更好的解决方案或建议，如果他们能提出更好的方案且得到张经理的认同，则可以采纳新的方案。

处理方式 B：如果他们提不出更好的建议，仅仅是不同意张经理的方案，可以先暂缓决策，鼓励参会人提出其他更好的解决方案。

处理方式 C：如果他们就是对张经理本人有意见，同时反对张经理的提议，则可以对他们进行正向引导，让他们更多关注方案的可行性。

如果"搅局者"还是坚持提出反对意见，可以尝试把他提出的问题延后处理，如果还是不奏效，可以暂停会议，单独询问他的真实想法，也可以请他离开会议，甚至可以利用大家的意见给他压力。总之基本策略是"孤立"搅局者，让其他参会人达成共识。

2.6.7　会议结束、总结与部署行动

不论会议是否达到了预期，都需要在会议快结束时留出 5～10 分钟进行总结，有以下几种情况。

- **达成预期，实现目标：** 这是最理想的情况，这个时候应该趁热打铁、乘胜追击。对后续要落地的行动措施当场明确责任人，并确定工作完成的时间、标准，与责任人沟通交流，是否有困难和风险，需要什么资源和支持。
- **没有达成预期，离目标差距较大：** 会议失败是常有的事情，即使最有经验的主持人也不能避免，要有这个预期和心理准备，失败的会议也有价值和意义。主持人应该及时评估会议的进展，判断什么情况下不适宜继续讨论进而中止会议，即使会议没有达成目标，也要对会议进行复盘，总结进展，分析原因，明确后续工作。

{开会技巧}

中止会议的 6 种情况

（1）在更深入地进行下去之前需要更多的事实。

（2）讨论已经表明，会议需要未出席者的观点。

（3）成员们需要更多的时间来思考议题，并可能需要与同事讨论。

（4）情况正在变化，很可能会很快改变或者需要解释决策的基础。

（5）本次会议将不会有足够的时间来完全讨论该议题。

（6）部分参会人可以在会议之外处理该项议题，而不必占用其他人时间。㊀

- **部分达成预期**：通常的情况是取得了部分进展，也有需要进一步讨论的事项，这个时候需要从以下方面总结和结束会议。

  √ 对于已经取得的进展、达成的共识进行总结，明确后续落地执行事项的责任人、完成时间、预期成果和交付标准。

  √ 对于还没有达成共识的观点、意见，需要进一步获取更多信息（外部研究、其他部门的支持、管理者的指示等），明确责任人及下一次讨论的时间及形式（包括是否开会讨论等）。

㊀ 尼科尔斯，等. 有效沟通 [M]. 李维安，等译. 北京：中国人民大学出版社，2001.

- ✓ 对于会议暴露出的新问题或比较重要的话题，已经超出本会议的议题和范围，需要转移到其他会议讨论，或者提交相关部门。
- ✓ 有的议题达不成一致，需要会后负责人和个别成员单独沟通解决。

主持能力本质上是一种综合能力，需要不断地练习才能掌握。《开会的革命》里面提道："学习当主持人就像学习一种运动或游戏，你可以很快学会规则和方法并开始照着做，但要成为优秀的运动员则需要大量的实践。你必须了解一些理论知识，掌握一些应变不同情况的基本策略，但重要的是，你必须通过实践不断提高自己的技能。"

2.7　如何高效汇报方案

除了头脑风暴会和一些非正式的会议，80%以上的会议都需要汇报方案。会议效率低下的一个很重要的原因是汇报方案的时间过长，1小时的会议，方案汇报用了30～40分钟，导致后面和讨论的时间被极大地压缩，开会成为汇报人的"独角戏"，最后没有得出有效的结论。如何有效地控制汇报方案的时长，提高汇报的质量和效率，对高效开会至关重要。

2.7.1　明确目的，避免长篇大论

在一场会议中，方案汇报通常有如下目的。

- 让参会人了解方案的核心思路及要点信息。
- 解答参会人关于方案的问题。
- 让参会人提出更有价值的反馈和建议。
- 就进一步行动达成共识并做出决策。

除了第一项，后面三项都需要和参会人沟通和讨论后达成，所以不应该在汇报方案环节花费太多时间。如果是 30 分钟的会议，汇报需要控制在 10 分钟内；如果是 60 分钟的会议，汇报需要控制在 20 分钟内，汇报的时间不应该超过开会总时间的 1/3。

汇报人可能会觉得，方案是自己花了很多天甚至通宵熬夜赶出来的，所以想把工作成果尽可能多地展示给大家，这个时候汇报人需要转换视角，站在听众的立场，将听众关注的重要信息表述出来。

汇报人需要明白汇报的目的是什么，是给大家分享更多的信息，还是传递方法或者工具；是想说服公司管理层通过方案建议，还是呈现一个非常严重的问题。对于不同的目的，汇报的策略是不同的。

﹝开会技巧﹞

INTRO 发言策略

在汇报发言的时候，有一个"万能公式"INTRO，可以帮你很好地引起别人的兴趣，说清楚你要讲的目标，让参会人对你的发言有一个良好的预期，同时提示自己需要讲的内容重点和时间。INTRO 是几个关键词英文首字母的组合。

兴趣和影响（Interest/Impact）：在开场的时候需要抓住别人的注意力，通过提问、互动、小故事或者有冲击力的数字、观点、判断、结论来吸引听众。

需求（Need）：说明白大家为什么需要听你的演讲，对大家有什么价值和好处。

时间（Timing）：你将用多长时间讲完内容，半个小时的会议不要超过 10 分钟，1 个小时的会议不要超过 20 分钟。

范围（Range）：你讲的内容的要点及范围。

目标（Objectives）：希望讲完后大家能收获什么，做出什么样的动作，比如提出建议和问题，表达支持或者反对意见等。

2.7.2　根据听众和场合确定汇报策略

即使汇报的是同一个方案，根据不同的场合、对象、要达成的目的、参会人对汇报材料的熟悉程度，汇报的策略和重点都是不一样的，需要对其做适当的调整。可以提前 1～2 天把方案发给参会人，询问他们对方案的反馈，了解他们对方案的关注点，在汇报前做到心中有数。

2.7.3　提前确认演讲的关键信息

方案中的关键信息是汇报的重点，以下是方案中常见的关键信息。

- 方案的背景、目的、价值、思考逻辑。
- 一些关键结论（给出的判断、新的建议）。
- 支撑结论的关键数字、事实、趋势、变化、案例等。
- 自己对方案的思考、补充和建议，可以启发参会人思考的内容。

特别是在一些重要的场合，人比较多或者参加会议的人员级别比较高，可以提前把关键信息标记出来，重点讲标记信息，也可以把关键信息提炼到标题中，围绕标题进行讲述。

2.7.4 刻意练习，控制发言时间

如前所述，大多数汇报方案都可以提炼精简到 6 页之内，汇报人应提前确认每页的关键信息，通过刻意练习，让自己在 1～2 分钟讲完一页 PPT。对于超过 10 页的 PPT，根据二八原则，选择重要的内容重点讲，其他非重点的内容几句话带过即可。如同会议主持一样，在开场时告诉大家你的汇报目的，汇报的几个议题要点，预计用多长时间，会给大家留多长时间讨论。

{ 开会技巧 }

汇报时如何开场

我的汇报分为 3 个要点，将用 15 分钟时间分享完，后面给大家留出 30 分钟的讨论时间。在我讲的过程中，大家有什么问题可以随时提出来，也可以记下来，在我汇报完后一起讨论。

2.7.5 汇报中的一些方法和技巧

- **应对提问的话术**：当有人问了一个你一时回答不出来的问题，你可以先肯定这个问题，"这是个不错的问题"，然后说"要不我们先讲完，后面再讨论这个问题？"，也可以说"这个问题，会后我和您单独沟通"。
- **记录别人的建议和问题**：记录别人提出的问题或建议可以表示你对他人意见的重视，也避免自己忘掉，如果自己不方便记录，也可以请其他同事或者记录人员帮你记下来。
- **对于不重要的内容迅速展示即可**：对于一些不太重要或者来不及讲的内容，可以给大家展示一下，然后跳过，并告知大家，如果后面有时间再和大家分享这些内容。这样既可以让大家看到你方案中有相关的内容，也节省了会场的时间。
- **避免照着方案读**：即使因为参加重要的会议或者高层会议太过紧张，也不要照着方案读，这样听众能感觉出来。可以把一些关键信息和内容提前标记出来，只讲关键的信息，也可以提前做一些练习。

2.8 开会时如何有效发言

2.8.1 参会人会前如何准备

- **确认自己与会议的相关度**：了解会议的主题、目标、议程、参会人，明确自己对会议的价值和贡献。如果自己和会议相关度不高，可以和会议组织者沟通说明自己无须参会，也可以把自己的建议和观点写下来，发给会议组织者。

- **清晰理解会议目标：** 如果与会议相关且决定出席会议，需要思考会议目标是否清楚，有时候会议通知只有会议议程而没有会议目标，有时候即使写出了目标，参会人还是不清楚，这时需要和会议组织者提前沟通。
- **提前准备发言要点：** 在开会前阅读完会议材料，把自己的问题、观点和建议记下来，以备在会议讨论环节进行互动交流；如果在开会过程中有新的问题、观点和建议，记录下来并整理成要点也可以使你在发言时表达得更加清晰流畅。
- **选择比较显眼的位置入座：** 如果没有特别安排，尽可能坐在主持人旁边，一方面会让你更受重视，另一方面有更多发言的机会；早到更有利于选择合适的座位；尽可能地坐到比较显眼的位置上，不要专门选择角落和边缘等不起眼的位置，这会让你显得不够自信，也容易让别人忽视你。
- **提前到场，和参会人打招呼：** 至少提前 5 分钟到场，遇到第一次见面的同事，主动介绍自己，了解对方的基本信息。如果是认识的同事，聊一些与会议背景和目标有关的话题。和自己座位两边的人主动打招呼，这样会让你感觉更自在，发言的时候也更自然。和参会人聊天可以构建轻松融洽、积极讨论的会议氛围。

2.8.2 开会发言的 5 条原则

- **每个人都要发言。**

  如果会议不超过 10 个人，每个参会人都需要发言，都要对会议的产出做出贡献。开会的时候总会有些人发言较多，有些人发言较少，主持人需要照顾到发言不积极的参会人，在适当的环节点评或者引导参会人发言。

{ 知识点 }

开会发言原则

《罗伯特议事规则》一书中提出的会议发言的原则可以供参考。

（1）机会均等原则：任何人发言前须示意主持人，得到其允许后方可发言。

（2）发言完整原则：不能打断别人的发言。

（3）限时限次原则：每人每次发言的时间有限制（比如约定不得超过2分钟）。

（4）一时一件原则：发言不得偏离当前待决的问题。

- **越早发言越好。**

有些参会人认为自己的观点不成熟，不够自信，不敢提早发言，想在会议后期或者听完别人的意见之后再发言，但有可能会议讨论比较热烈，始终找不到切入点，后面的时间越来越有限，导致没机会发言。提早发言的好处如下。

√ 率先提出自己的观点，避免别人先提出和你一样的观点而让自己的发言价值降低。

√ 给自己积极暗示，即已经对会议有过贡献，后面心态会更轻松，有其他观点也可以再提出。

√ 使会议氛围更热烈，激发其他参会人发言的意愿。

- **发言不要超过 3 分钟。**

　　开会发言以精简高效为原则，避免对一个观点反复陈述，最简单的方法是在发言前梳理自己的核心观点及论点支撑。主持人在开会的过程中也需要适当把握节奏和发言时间，及时提醒和引导发言时间过长的参会人。

{ **知识点** }

电梯测试

　　设想这样的场景：

　　如果你是员工，刚好和老板一起坐电梯，只有一分钟的时间，如何把你的建议或需求讲清楚。

　　如果你是销售，在电梯里碰到大客户，只有一分钟的时间，如何把你的产品介绍清楚。

　　如果你是面试者，在电梯里碰到面试官，只有一分钟的时间，如何介绍自己从而给面试官留下深刻的印象。

　　如果是你创业者，在电梯里碰到投资人，只有一分钟的时间，如何让你的商业计划打动投资人。

　　下电梯的时候，只要老板、客户、面试官、投资人说下周一来我办公室具体谈一下，你就通过了电梯测试。

　　通过电梯测试训练在短时间内有效沟通和发言的核心在

于梳理出发言的逻辑和结构，结构化地表达你的想法和建议，并且通过反复的练习来掌握。以下是常见的结构化表达方式。

结构化表达方式 A：why — what — how。

对于提出一个建议和措施：

✓ 为什么要做这件事情，它的价值和意义是什么？
✓ 这件事情和行动本身是什么？
✓ 如何去做这件事情？

结构化表达方式 B：问题—原因—对策。

对于一个问题提出解决方案：

✓ 出现了什么问题？造成了哪些困扰和麻烦？
✓ 为什么会出现这个问题？问题的源头和根因在哪里？
✓ 如何解决这个问题？

结构化表达方式 C：收益—行动—资源。

对于引入一个新的举措：

✓ 如果做了这件事情，能带来多少价值和收益？
✓ 我打算怎么去做这件事情？
✓ 做这件事情需要哪些资源和投入？

根据以上结构化表达的逻辑，对于不同的对话场景可以衍生出类似的发言结构和逻辑，从而更好地表达你的建议。而在结构化表达中，最开始要说明问题、收益、这件事情的价值，从而抓住对方的注意力。一分钟可以讲140个字左右，即 10～12 句话，每个要点需要 3～4 句话说明，经过反复的训练，每个人都可以掌握这项技能。

- **不要轻易反对别人或放弃自己的观点**：既不要以自我为中心，听不进去其他人的建议，急于表达自己的观点，遇到和自己观点不一样的建议就极力反驳，也不要觉得自己的观点无关紧要，遇到和其他人的观点不一致的情况就不敢发表，避免和大家产生冲突，或者别人一反对就放弃自己的观点，那样会显得你没有深思熟虑和太过随意。应以会议目标达成为标准，把别人的观点和自己的观点都当成是达成会议最终产出的备选项，通过讨论得出最优方案，接受意见的多元化。
- **利用开会发言建立自己的影响力**：每个参会人都需要积极地参与开会过程，提供自己的观点和建议供决策者参考，了解其他参会人的性格特点，了解与自己工作有关系的内容，从而展示良好的形象，让大家更好地了解自己。和其他参会人建立联系对个人的工作开展和职场人际关系提升也有重要的作用。

2.8.3 开会发言的 5 种技巧

- **认真聆听他人发言**：不论你是否喜欢这个发言人，不论他的观点和你的观点是相同还是冲突，你都应该仔细聆听他的发言。如果与你的意见不一致甚至相反，需要思考他人意见的可行性，或反驳他的意见，或修正自己的意见。如果他与你的意见相近或者相同,也需要思考自己的意见与他人意见的区别。可以在提出自己意见的时候,提一下前面同事的某个观点作为引入,这会显示你比较重视其他参会人的意见,相应地,其他参会人也会更重视你的发言。

- **记录问题、观点和建议**:即使你在会前已经做了一些准备,有时候在会场上又会有新的想法冒出来,结合之前的想法做归纳梳理,然后可以更加有条理和有逻辑地进行表达。当主持人介绍其他人员的时候,记下来你不认识的人员的名字,以便你在发言时引用他们的观点。
- **在白板上写下你的观点**:白板是一个很好的开会辅助工具,不只主持人可以用白板,参会人也可以走上前去,把自己的观点写下来。它可以将你的观点和建议成果化、可视化,还可以激发大家讨论的兴趣。当会议中有一个人走上台写下自己观点,后面就会有人跟着去这么做,会议的氛围就会被带动起来(见图2-5)。

图2-5 在白板上写下你的观点

{ 开会技巧 }
站起来讨论和来回走动

为了避免会议太过沉闷,相比坐在椅子上开会,参会人可以站起来讨论和来回走动,这样可以使思路更加活跃,也可以带动开会的氛围,激发参会人讨论的热情。站起来发言让你更加自信,也可以让你的意见更受重视。

- **发言展示要点和根据:** 尽量避免自己的发言要点太多,最好在 3 个之内,如果太多,可以进行不同的分类,考虑是否在不同的议题或者环节进行发言。发言时提出观点,同时说明证据和来源,可以让大家判断你提出观点的根据,也可以让自己的观点更加具有说服力,体现你的专业性。

{ 开会技巧 }
展示发言根据的话术

√ 从我的经验来看……
√ 从×××报告的数据分析得出……
√ 从×××案例可以分析得出……

- **运用合适的肢体语言:** 肢体语言应该自信、大方、自然。手托着下巴或者捂着嘴常常表明不自信,应避免类似的动作。不要假装在认真参会或者听别人发言,"假动作"是容易被别人感受到的。注意与发言人进行眼神交流，向他点头则表明你对他观点的支持。

2.8.4 没有独特观点时如何发言

- **学会提问**。

如果你没有自己独特的观点，对现有的观点也不能提供更多有价值的信息，最好的方法就是学会提问。好的问题能够帮助参会人厘清思路，澄清问题，引导会议产生想要的产出和成果。可以从以下几个方面进行提问。

√ 对自己不清楚的要点进行提问
√ 对自己认为发言人应该讲但是没有讲的内容进行提问
√ 就自己对相关内容的理解是否正确进行提问
√ 对与自己工作相关的内容进行提问
√ 对某个要点或解决方案的可行性进行提问

- **在他人意见基础上发言**。

如果没有自己的观点，需要注意听其他人的观点，对其他人的观点是同意还是不同意？是否可以给这个观点增加支撑或者提供更多事实和信息？对讨论过程中的关键点、逻辑和事实是否有疑问？甚至想法和建议不成熟都可以发言，凡是有利于深入讨论和调动会议氛围的内容都可以讲。

√ 可以肯定某个观点，提供更多的信息和支持理由

√ 可以基于某个观点产生新的想法和建议延伸
   √ 可以提出自己对某个观点的不同意见，并说明理由

- **对好的建议深入讨论**。

   当别人有好的想法或建议时，应该"乘胜追击"，继续追问一些问题，或者提供更多的建议，这样更有利于会议成果的产出和目标的达成。

2.8.5 开会发言需要避免的行为

- **发言太多**：会议上发言多少并没有特定的标准，需要看具体讨论内容。如果不超过5个人的会议，核心人员就2～3位，个人发言自然会多；如果超过8个人，且大家的意见都比较重要，就尽量避免一个人发言太多。
- **沉默不语**：发言的另一个极端是一言不发或者很少发言，可能是因为这个议题与自己相关度不高，如果确实相关度不高，可以发表完观点提前立场；也可能是没有独特的观点，可以通过上面提到的方法参与到讨论中，避免长时间沉默，否则会让自己感觉到挫败，也不利于建立你在他人心中的职场形象。
- **消极懈怠**：主要是通过一些动作表现出来的，比如东张西望，频繁看手机，抖动双腿，手托下巴，紧抱双手，频繁出入会场。如果你确认会议与自己关系不大，或者自己已经没有更多意见，可以和主持人沟通提前离场。

2.9 会议如何有效决策

2.9.1 会议决策的基本类型和模式

- **会议决策的两种类型：**所有的决策归根结底解决两个问题，即某项工作要不要做。以及如何做。所以会议决策有两种类型：一种是就某项工作是不是要开展给出"是"或"否"的决定，比如要不要投资某个标的公司，要不要开发一款新产品；另一种是在开展某项工作的不同方案中选择最佳方案，比如在不同的市场营销方案中选择最有效的方案。
- **常见的决策模式：**会议决策通常有以下三种模式：负责人一人决策，全体人员一致同意，少数服从多数。由于不同公司、部门的管理模式和决策事项的重要性不同，以上几种可能都会碰到。实际的决策往往融合了以上几种模式的特点，如果事项较重要且涉及人数较多，很少有一致同意的决策。即使是负责人一人决策，也会征求和听取其他人员的意见。

{ 知识点 }

群体决策质量更优

一位名叫杰伊·霍尔的社会心理学家做了一项"月球逃生"的实验。假设你所在的太空船因为迫降在月球而损坏了，你和团队要去和 200 英里⊖以外的母船会合，为了保证生存，

⊖ 1 英里 =1.609344 千米。

只能在剩下的 15 件物品中选择几件最为必要的物品。实验结果表明：如果群体成员遵守以下原则，群体决策的质量就会大大提高[一]。

（1）不要为自己的观点争辩。要清楚明白、有条理地把自己的观点说出来，但在坚持自己的观点之前，要倾听并考虑其他人的意见。

（2）当讨论陷入僵局时，不要钻进非此即彼的死胡同，而要积极寻找各方都能接受的可选方案。

（3）不要仅仅为了避免冲突和达成和谐而改变自己的思想。当协议似乎来得太快、太容易时，要表示怀疑。要探究达成协议的原因，只对客观、理性、有理有据的观点让步。

（4）避免采用投票、取平均数、抛硬币和讨价还价等消极减少冲突的方法。

（5）不同意见的存在是正常的，也是需要的。要把这些不同意见找出来，并让每个人都参与决策的过程，有了各个方面的意见和信息，群体获取更优方案的可能性就会更大。

2.9.2　会议决策的基本原则

- **参与人员的相关性：** 既然是决策类会议，就需要与决策事项相关的人员参加，包括方案提出者、利益相关者、事项执行者、决策者。相关人员应通过会议达成共识，否则在

[一] 多伊尔，斯特劳斯. 开会的革命：会议效率倍增的学问 [M]. 刘天佑，译. 北京：国际文化出版公司，2004.

执行的过程中就会出现不理解、不认同、不配合，从而影响工作的落地和推进。
- **欢迎不同观点：** 对不同观点持宽容和鼓励的态度，因为它们提供了更多的备选方案，至于哪个能成为最佳方案，需要群体讨论后才能决定。
- **充分论证，寻求共识：** 不同公司有不同的管理文化，也有不同的决策风格，有的偏向集体决策，有的偏向管理人员讨论后由最高决策者决策，但是决策的底层逻辑是不变的，即充分论证、寻求共识。
- **客观理性，公平公正：** 高质量的会议决策是通过对事实、数据、观点进行理性客观的讨论、对方案优缺点进行充分论证而得出的，避免因为受管理者意见的独断、各种利益诉求、某些情绪和其他压力等因素影响而做出决策，也不应该有意控制、压制参会人的想法和建议。
- **追求决策程序合理：** 有时候由于条件所限，不能进行长时间的讨论和论证，也不可能每个人都同意，但是只要是进行了充分的讨论，每个人都发表了意见，并且全力以赴，没有私心，最终得出的决策依然可能是最优决策。

2.9.3 会议决策的方法

会议决策最理想的结果是参会人一致通过一项方案或者决议。但是实际情况却并非如此，通常是不同的人倾向不同的方案，而不同的方案各有其优缺点，所以没有完美的决策。

因此遵循一些基本的方法和策略，能够减少决策中的失误，最大限度地做出合理的决策。

- **列出决策的标准及边界：** 在会议开始的时候，主持人需要对会议的目标和产出进行说明，如果本次是一个决策性质的会议，在开始讨论之前，需要说明决策的限制条件和决策规则，比如时间限制，在多长时间或最迟在什么时候做出决策，比如资金、人员等资源投入的限制。限制条件不应太多，否则会限制决策的弹性空间。决策规则是方案通过的规则，是需要全体通过，还是2/3、3/4通过。会议开始之前先讨论一些简单的规则和边界，把决策看作一个命题作文，会更有助于参会人做出决策。
- **决策前充分发表意见：** 关于决策有一个观点：大部分人提意见，少部分人决策，所有人执行。虽然决策最终是由少部分人做出的，但是发表意见的时候大家都是平等的，不论自己的意见是否会被采纳，都应该积极地发表意见。不要因为某些意见是职位更高者提出的就更加重视。在做决策的时候，主要针对方案和建议本身做决策，而不用在意是哪个人提出的，会议主持人也应该塑造一种围绕建议本身讨论的文化和氛围，更多关注事，更少关注人。
- **预先排除不可接受的方案：** 会议主持人引导讨论的时候，应先排除那些不符合现状、不符合本次议题、有严重缺陷的建议和解决方案，把可行的建议合并到其他类似的方案里面，缩小选择的范围。有人可能会碍于情面，不愿意否定别人的意见，这个时候主持人需要引导一种对事不对人、相对开放的讨论氛围，让参会人敢于发表意见。即使某个意见被否定了，也要肯定它的可取之处，并且对意见提出人给予肯定和鼓励。
- **根据剩余方案的优缺点进行初次决策：** 充分讨论剩余方案的优缺点，把不同的意见在白板上写下来，以便参会人梳理思路和比较，并在会议的最后进行表决，这样的模式适合初次决策。
- **复杂事项的二次讨论和决策：** 如果对于不同方案较难达成一致意见，每个方案各有一部分人支持，则需要进行二次决策。这个时候通常只剩下两个方案。分析每一个方案的优点和缺点，然后引导参会人考虑缺点带来的问题是否可以接受，是否可以解决，有哪些解决方案，从而让参会人进行更深入的思考。通过这轮讨论，对之前的方案进行修正，对不同方案的不足提出应对策略，这个时候再让大家表决，有些人可能会改变之前的观点，支持更合理的方案。

{ 开会技巧 }

对于难以决策的事项，会后由最高决策者进行决策

如果会上参会人已经充分发表了意见，且各种方案的优缺点也讨论得比较清楚，但还是无法做出决策，可以在会议结束后由主要管理者及核心人员讨论进行决策，并将决策的理由告知其他参会人。

- **明确后续行动：** 真正的会议成果应该明确下一步的行动计划，包括负责人、完成时间、交付成果、衡量标准、所需资源支持等。对于简单的工作，可以直接在会上确定下来；对于较为复杂的工作，只需要在会议上确定负责人，由负责人在会后组织人员部署工作安排。

﹛开会技巧﹜
对关键会议达成的决策进行总结和肯定

当一项决策做出时候，应当认为是会议达成了目标，取得了胜利，应该以简单的仪式"庆祝"一下，这样调动了团队的氛围，让参会人觉得会议的决策和成果也有自己的参与和贡献，在执行过程中也会更加认同和投入。

﹛场景案例﹜
会议达成目标后鼓掌庆祝

某公司召开战略研讨会，通过2天的时间，对几个比较重要的问题进行了讨论，确定了公司第二发展曲线，也就现有业务的模式达成了共识。在会议结束的时候，主持人进行会议总结并对大家说："经过各位充分的准备和非常投入的讨论，我们终于对公司的战略目标和策略达成了共识，这将成为公司未来3～5年发展的指导思想，大家一起给自己鼓个掌！"

2.9.4 投票表决及通过标准

- **投票表决的适用场景**：公司经营类会议很少用到投票表决，一般由最高决策者根据会议的讨论情况，以及参会人对方案的支持程度做出决策。投票表决并不是最优的决策方式，只是在分歧无法解决时采取的一种"不得不如此"的方式，如果条件允许，应该以追求达成共识为目标，致力于寻求共赢方案。

- **举手表决 vs 投票表决**：对于简单的或者参与人数不多的决策，可以通过举手表决的方式进行。对于复杂的、参与人数比较多且需要匿名的决策（比如民主选举和竞聘某一关键岗位），可以通过投票表决的方式进行。

- **强通过 vs 弱通过**：如果需要用到投票表决，则需要在决策之前确定决策的通过条件。最高的标准是全体一致通过，退而求其次的标准是少数服从多数，根据具体的情况可以设定 4/5、3/4、2/3 通过，以上标准建立在每个参会人都具有同样的投票权重的基础上。如果每个人对于会议决策的投票权重不同，可以设置不同人员的权重比例和最终通过标准。

2.9.5 管理者在会议决策中的角色定位

- **管理者角色定位及切换**：管理者在决策类会议中扮演着比较特殊的角色，一方面作为决策负责人，需要对最终的决策结果负责，另一方面要参与讨论，提出自己的观点。高明的管理者在会议中需要学会"分身术",在会议过程中把自己视作会议的一员,与其他参会人平等地参与讨论;在最后决策时切换回管理者的角色,根据参会人的意见引导大家做出决策。

- **协助创造充分讨论的氛围:** 管理者应该协助和支持主持人,创造自由讨论、鼓励不同意见的会议氛围,这样不仅有助于鼓励大家提出观点,也可以消除彼此间的距离感以及某些特殊议题和场合中的敌对情绪,让大家有参与感,让每个人都感觉自己做出了贡献,推动团队合作决策。
- **对所有的方案持开放的态度:** 肯定每个参会人建议的合理性,做一定的延伸和补充,同时提出此项方案可能带来的问题,并致力于如何解决出现的问题,从而调动参会人客观地看待自己的方案的优点和不足,看到其他方案的优点和不足,并在动态的讨论过程中不断迭代和优化方案,直至最后达成共识,这是管理者应该在会议中锻炼的领导力和会议引导能力。

{ 场景案例 }

导致会议失败的"一言堂"的决策模式

A 公司提出了今年降本增效的目标,业务部门要降本 10%。部门经理张经理就此召集部门员工开了一次研讨会。

张经理:"公司要求业务部门降本 10%,我最近也在思考有什么好的策略,我先提出一些看法,大家可以发表自己的意见，我们通过本次会议达成共识。我认为有以下三点：取消办公室的下午茶供应；节假日给员工的礼品费用减少一半；取消周末加班，减少加班费的支出。大家觉得怎么样？"

小张："听起来不错，我觉得可行！"

小赵："我觉得取消办公室的下午茶供应不会节省太多花费，而下午茶有利于提高员工的工作积极性。"

小何："我觉得员工不愿意取消周末加班，因为我们的薪资结构中，周末的加班费占有一定的比例，如果取消，第一工作可能完不成，第二会打击大家的工作积极性。"

张经理："我也觉得可能会出现以上问题，但是我考虑了所有可选的方案，只有以上方案是最具可行性的，虽然可能大家会抵触，但是也没有更好的策略了。"

小范："我觉得可以暂停我们计划招聘的两个职位，这两个职位的工作重要性没有那么强，而且这些工作我们现有的员工分分工也可以承担。"

……

其他人都默不作声，会议一时陷入僵局。

张经理："很好，我觉小范这个建议可行，那就按照我提的三点加上小范的建议去落地执行，散会！"

这是一个典型的部门负责人主导的会议，暴露的问题是没有充分调动大家的积极性来讨论问题，提出对策，虽然看似在征集大家的意见，但还是"一言堂"的决策模式，会议效果也大打折扣。

- **保持客观和公正**：管理者需要对各种方案保持客观和公正，同意某个方案要给出充分的理由，避免因为自己倾向某个方案，而让下属投其所好地选择某个方案。管理者不应该因为自己的偏好而影响参会人提出意见的积极性。
- **最高决策者自己做决策**：决策意味着担责，有的决策只能由最高决策者自己做出，所以在决策之前应该向大家说明。作为决策者，你可以说出自己的方案，然后征求大家的意见，并告诉大家会考虑大家的意见，但最终由你做出决策。

2.9.6 如何处理会议中的分歧

影响决策达成的原因在于人们对同一事情的看法有分歧，分歧主要有三个层面：信息共享和理解层面的分歧、利益层面的分歧、立场和价值观层面的分歧。

- **处理分歧的三种基本方法**：一是回到原点，看看大家在哪些方面有共识，哪些方面有分歧，从共识出发，探索分歧里面可能有的共识；二是列出不同方案的优缺点进行比较；三是细化和完善，把建议或者方案细化，看看双方是否可以接受，是否还可以改进。

{ 场景案例 }

如何解决价值观层面的分歧

A 公司人力资源部张经理打算组织一个领导力的培训，她与业务部门的负责人李经理沟通，关于培训的范围两个人产生了分歧。

张经理：领导力的技能不只管理者需要学习，普通员工也需要学习，这可以让员工在团队工作中更懂得与其他人合作，也可以让员工产生主人翁意识和责任感，而且有的员工具备管理者的潜质，提前进行领导力的学习有助于帮助他尽早走上管理岗位。

李经理：你不是在开玩笑吧？我们不可能让每个普通员工都接受领导力的培训，只要管理层接受培训就可以了。如果每个普通员工都接受培训，一天的生产工作就得停止，现在正是订单比较多的时候，你能承担这个损失吗？

张经理：你们光想着如何完成工作，从来没有想着给普通员工赋能，给他们学习成长的时间和机会，所以基层员工离职率才那么高，导致我们人力资源部门不断地招新员工。

……

这种分歧在企业里司空见惯，原因在于各部门的立场和负责的工作不同，业务部门更看中完成业绩目标，而人力资源部门更重视人的培养和成长。

在这种情况下，就需要把每个方案的优势和劣势列出来，确认不同方案的关键优势，比如让每个员工都参加培训的关键优势是"所有员工的沟通协调能力更强"，而只让管理层参加培训的关键优势是"普通员工可以保证充分的工作时间"，然后再看是否可以整合两种方案的关键优势，从而创造出一种新的方案。

比较分析以上两个方案的优势后，可以提出如下建议：

针对管理层提供两天的领导力培训课程，让管理层可以深度学习并掌握领导力。而针对普通员工提供半天的课程，让他们理解基本的方法，能够在工作中进行有效的协调沟通。

2.9.7 决策中需要避免的情况

- **避免匆忙做出决策**：决策虽然有时间限制，但也不应该为了赶时间而匆忙做出，特别对于一些重要但不紧急的事情，如战略选择、流程优化、业务变革等。没有真正思考清楚而匆忙做出决策会导致更大的风险。
- **避免迟迟不做出决策**：每个决策都有时效性，有的议题可以多次开会讨论，当到了决策要求的时限时，或者已经讨论清楚了不同方案及其优缺点，不可能有新的选择时，就需要适时做出决策。再差的决策也好过没有决策。
- **避免决策变成管理者拍板**：会议应该避免的一个误区是，参会人提了意见后，有分歧或者不好决策的事项由管理者拍板。管理者拍板是没有其他办法时的解决方案，参会人应该尽可能地充分讨论，寻找更多更好的解决方案，为管理者决策提供更多有价值的信息和输入。
- **避免管理者的意见主导会议**：管理者不应该因为自己的偏好而影响参会人提出意见的积极性，更不应该让参会人熟悉管理者的风格而"投其所好"。
- **避免"表面同意"**：要避免出现表面上同意，但在决议落地实施过程中不积极参与和支持的情况。避免"表面同意"

的方法是让大家充分论证，有问题和疑问都提出来讨论，并让他们提出对于决议事项支持、配合的行动策略。
- **警惕一致通过的决策**：虽然会议最好的情况是一致通过决策，但是一致同意不见得是最好的结果，可能是因为缺乏有效建议，大家参与度不高，缺乏责任心，最后由领导拍板。这样一致通过的决策质量不高，容易陷入"群体思维"。经过充分讨论，甚至有不同意见的澄清，争论后达成的共识往往是更好的结果。

{ 最佳实践 }

斯隆推翻了一致通过的决策

通用汽车前 CEO 斯隆在一次高管会议上，很快就和参会人达成了一致意见，包括斯隆自己也赞同这个决策。但斯隆说，我们很快达成了一致，是不是有什么问题。于是，他们重新讨论问题，推翻了之前的结论。

2.9.8 有关会议决策的注意事项

- **把方案讨论和决策分开**：方案讨论需要发散性思维，找出更多可行措施，使方案更完善，而决策则需要收敛性思维，围绕确定的标准评判不同方案的优劣，混在一起既影响方案讨论又影响方案决策。对于简单的事项，从会议议程上分开；对于复杂的事项，分别召开方案讨论会和决策会。
- **努力寻求双赢方案**：即使最终不能达成双赢方案，这种尝试也是很有价值的，它让参会人感到被尊重，有充分的自主权参与到公司的经营管理，对于次优方案的接受度也会提高。
- **对于重要会议允许更长时间进行决策**：对各种意见进行充分讨论有可能比预想的要花更长时间，但也将会得到真正的认同。所以对于重要的会议，要投入一定的时间进行决策，也需要有耐心。
- **讨论决策应重视观点而非人**：决策中应该以讨论观点为核心，而不应该以人为核心，如果一个人提出了两个观点，应当被视作两个观点；如果两个人提出了一个观点，应当被视作一个观点。对待所有观点应该一视同仁，如果太过重视观点背后的人，则会影响方案的合理性。
- **超出决策能力的提交上级决策**：如果做了各种努力，还是不能决策，或者决策事项超出了会议所能决策的范围，应该提交上级进行决策，同时明确决策点是什么，不同方案的分歧点和优劣势在哪里，把本次会议作为上级决策的预先沟通会。

2.10　如何撰写会议纪要

> 会议的目的和成果就是出一份好的会议纪要。
>
> ——孙陶然《精进有道》

一份合格的会议纪要对于会议至关重要，但是其重要性常常被忽视，除非比较正式、级别比较高的会议，才会安排人员专门记录，且在会后认真校订后发布，对于普通会议，要么是缺乏会议纪要，要么是会议纪要的质量不高。会议记录和会议纪要作为高效开会必要的一环，也是会议成果的载体，同样需要重视。

{知识点}

会议记录 vs 会议纪要

- **会议记录**：在开会过程中，通过不同的辅助工具对会议的内容和要点进行记录，主要包括电脑文档、白板、翻页纸、录音笔、录音软件、会议软件等工具。
- **会议纪要**：会后以正式文件的形式将会议的要点、建议、决策、后续执行事项发给参会人和会议相关人员，作为会议的成果进行存档。

2.10.1 会议记录的准备工作

- **提前安排会议记录人**。

正式会议和例会通常都会提前指定会议记录人，有些非正式会议和临时会议也需要安排会议记录人，要养成任何会议都有会议记录的好习惯。会议纪要是会议成果的载体和证明，即使最简单的会议纪要也好过没有纪要。有时候几个要点的总结就可以看作会议纪要，结束后发给参会人以做备忘。

- **提前准备记录设备**。

　　√ 记录设备：主要包括白板、翻页纸、电脑，对于小型的讨论会，利用这些辅助工具进行现场记录是常见的方法。
- ✓ **录音设备**：录音笔可以做原始备份，对于某些重要信息或者要点如果没有当场记录下来，可以回听录音笔以确认信息，但是如果要点都记住了，也不用浪费时间再听一遍。如果没有录音笔，手机录音或者电脑录音软件也可以。有些会议软件和智能录音笔可以同步语音转文字，这些文字可以作为撰写会议纪要时的参考，能够提高提炼会议要点的效率。

2.10.2 通过辅助工具进行记录

- **不同辅助工具的优劣势**。

  - ✓ **白板/黑板**：好处是方便易用，大部分会议室都备有，不足之处是不能扩展，区域有限，如果记录的内容太多，不得不擦掉之前的记录。适用于小规模的会议和不太正式的会议，记录内容不多。如果要擦掉之前的记录，可以先拍照发给参会人以便之后查看。
  - ✓ **翻页纸**：一般研讨会和工作坊会议都会配备，好处是可以扩展，一页写完可以翻到下一页，还可以保存记录，以便会后查阅。对于正式的会议或者记录较多的会议比较适合。不足之处是需要提前准备。
  - ✓ **电脑**：好处是记录比较快，既可以保存记录，又可以随时修改、调整、删减，也方便会后做正式记录的整理工作，不足之处是互动感不强。

- **在现场用辅助工具记录的价值。**

  - ✓ **增强仪式感，提高讨论的积极性**：当参会人的观点和建议被记录下来时，他会感觉自己的观点得到了重视，为会议做出了贡献，从而更积极地参与会议讨论。
  - ✓ **减少重复工作，提高效率**：当发表过的观点被记录下来时，后续的发言人就不必重复已有的观点，提出新观点即可。
  - ✓ **有利于记录的客观性**：每个人都可以"盯"着记录，如果有记录不当，可以随时纠正，这比在会议结束后由某个人总结提炼全场的会议要点更加客观和公正。
  - ✓ **集体协作，增强团队感**：虽然会议观点是由不同的参会人提出来的，但一般不会刻意去区分是哪个人的贡献，这样一份有价值的会议记录可以认为是团队集体智慧的结晶。
  - ✓ **提高决策的权威性**：观点、建议和行动方案边讨论边记录下来并进行存档，有利于减少后面可能的责任不清，推诿扯皮。

  对于非正式会议，如果现场记录的会议信息完整而充分的话，可以拍照发给参会人，不必会后再整理成正式纪要。

2.10.3 会议记录的技巧

- **请其他同事辅助记录**：如果会议记录人担心自己记录不全，可以请其他同事辅助记录，会后再参考相关内容。如果会议时间太长，一个人的精力难以支撑较长时间，可以安排不同的人做会议记录人。
- **记录关键信息**：不要企图记下所有内容，记下关键信息如主要观点、建议、案例、数字、关键词等。汇报的方案内容不用记录，汇报人在讲述过程中提到的在方案中没有包含的关键信息可以记录。
- **要求获取清晰的信息**：如果汇报人讲话太快，会议记录人可以请他讲得慢一点，以保证能完整记录下来。如果有人表达得不够清楚，也可以邀请他上台把想法写出来。这样既可以降低记录难度，也可以提高记录的准确度。
- **用一些标记辅助记录**：用下划线、圆圈、三角等比较熟悉的符号对不同的观点进行标记，甚至对不同观点的重合、支撑或者矛盾之处，也可以以某种形式标记出来，字体的大小也可以表示信息不同的分类和重要性。
- **对于落地事项提醒主持人**：有的会议对后续执行事项的讨论不会很具体，需要会议记录人在会议结束之前提醒主持人，对落地事项的负责人、完成时间进行确认，否则会后再去确认会花费更多的时间。

{ **开会技巧** }

关于速记的技巧

在会议结束后就能出一份高质量的会议纪要，需要掌握"速记"的基本技巧。

（1）按照发言人的顺序，根据发言内容，对于不同的内容进行编号和分段，避免所有的内容记录在一段文字中。

（2）可以按照会议议程、讨论议题进行总结，也可以把每个发言人的发言内容作为一个模块。对于讨论比较发散的会议，记录人可以根据自己理解提炼总结。

（3）利用会议中的"碎片时间"（无新观点、不需要记录时）对会议内容进行合并、提炼、概括，根据不同的主题或不同的发言人形成"模块化"内容。

（4）随着会议纪要越来越"模块化"，后面有重复的信息则可以加到相应模块里面，并检查记录内容是否清晰流畅，是否有错误。

（5）将后续执行事项作为一个单独模块，在记录的过程中"摘出来"，最后结束的时候提醒主持人并复述一下，让参会人知晓并就后续执行事项达成共识。

（6）提前准备好会议纪要模板，提炼好会议主要内容之后，将其复制粘贴到模板里面。

2.10.4　会议纪要的输出和发布

- **会议纪要的输出**：会议记录人应该在会上尽可能多地记录信息，到会议结束时完成一份比较完整的原始记录。会议结束之后再做梳理和精简，形成正式版会议纪要，并和会议组织方、参会最高级别人员进行确认，确认好之后根据反馈意见修改，完成后正式发布并存档。

{ 开会技巧 }

会议纪要的内容

（1）基本信息：会议时间、地点、参会人、主持人、记录人等。

（2）关键信息：会议提到的主要事实、问题、案例、关键数字等。

（3）建议和观点：对问题的分析、看法、提议等。

（4）决议内容：会上做出的决定和决议。

（5）执行事项：会上达成共识后的执行事项、责任人、完成时间、完成成果、检验标准。

（6）待讨论事项：会上提到但与本次会议议题无关，需要其他会议讨论或另行处理的事项。

- **会议纪要的发布**：经过确认的会议纪要最好在当天晚上之前发给参会人，最迟不要超过 24 小时，并同步发给上级部门及与会议内容相关的人员。

2.11 会议决议如何更好地落地执行

2.11.1 提高会议决议的质量

会议决议的质量决定了决议事项落地执行的质量，会议决议的质量越高，共识越强，价值越高，越具有可行性，越有利于落地执行。好的决议包括以下方面。

- **凝聚共识：** 只有充分论证和讨论，才能达成共识，才能消除参会人的疑问和抵触情绪，才能让参会人从内心认同，减少在执行过程中的阻力。
- **导向问题解决：** 好的会议决议应能很好地解决某个经营管理的问题，针对问题提出有效的解决方案，并能推进工作开展。
- **目标合理：** 避免假大空的目标，难以完成的目标会挫伤团队的积极性；目标也不能太小，很容易完成的目标不利于团队的能力提升。
- **资源匹配合理：** 要开展某项工作、解决某个问题，需要匹配合理的人财物资源，否则在具体执行过程中很难进行。
- **工作分配合理：** 不同部门和人员的能力和优势不同，只有把工作分配给合适的部门和人员，才能事半功倍，更高效地落地执行。

2.11.2 重视会议纪要，固化会议发布机制

- **提高会议纪要的质量：** 一份高质量的会议纪要应该包含后续事项的交付成果、交付标准、完成时间和支持承诺。

  √ **交付成果：** 交付成果是会议落地事项工作完成的标志和载体，可以是有形的成果，如一份调研报告、人员招聘到位、工程项目建设完成，也可以是无形的成果，如销售额完成、市场占有率达到目标。

  √ **交付标准：** 有交付成果仅仅表明完成了一项工作，并不

能体现完成的质量如何,对于同样的交付成果可以有不同的交付标准,比如同样是开发出一款新产品,它的市场表现就可以作为它成功与否的标准。

- √ **完成时间**:会议决议事项同样需要明确完成时间,并需要执行事项负责人确认。
- √ **支持承诺**:一项工作要完成,需要一定的资源和支持,比如跨部门流程优化、信息化等工作,需要各部门投入和参与,需要各部门管理者的支持和承诺。如果仅仅认为它是流程管理部门、IT部门的工作,那么推行的过程中会遇到各种阻力。

- **确认决议事项负责人**:会议纪要人员需要对会议纪要结果负责,如果对会议决议事项负责人不清楚,需要在会议结束前提醒主持人确认负责人,并与负责人沟通确认工作完成时间、交付成果及交付标准。
- **得到执行人的认可**:执行人对于本职范围内的工作比范围外的工作积极性要高;会议上支持方案的人员比其他人执行起来积极性更高;资源和能力更匹配的人作为负责人和执行人比其他人员效果更好;确定为公司或部门的重点工作、得到管理者重视的任务要比其他工作更好推行。
- **固化会议发布机制,增强会议的仪式感**:不论是公司层面的会议还是部门层面的会议,增强会议仪式感都需要有一个会议发布平台和机制。可以在部门的群里把会议的要点和后续执行事项发出来,也可以通过邮件发给参会人,抄送需要知晓、配合及支持的人员。比较重要的公司层面的会议可以通过邮件、公告等发布出来，一方面增强内部信息的透明度和及时传递性，另一方面可以加强监督，让更多的人知道本身可以起到公证和监督的作用，并且固定的发布机制可以让员工感受到正式感和仪式感，从而更好地执行会议决议。

2.11.3 重视"盯关跟"

人都有惰性，即使明确了负责人和落地执行事项，提出了工作计划，在执行过程中不可避免地还会遇到各种问题，常规的"盯关跟"就显得很重要。

- **盯：保持及时的提醒**。可以通过口头的提醒，隔 1～2 天询问工作进展，可以用比较直接的方式，比如"工作进展情况如何？"，也可以采取柔性的方式，比如"工作进展如何，有任何困难和问题，提出来一起想办法"，这样既可以起到提醒的作用，也显示出帮助执行人解决问题的积极态度。此外，可以通过办公软件设置定期的在线提醒。对于一些重要而又有难度的事项，可以设置奖励或者惩罚机制，也可以设置督办人，如果决议事项不能按时按质完成，督办人也需要承担责任。
- **关：及时闭环和转化工作**。根据工作进展，阶段性评估是否达到了预期目标，如果达到预期目标，需要及时关闭工作，将工作成果提交给相关部门以推进后续工作；如果没有达到预期目标，评估遇到了哪些问题和困难，是否超出项目范围，是否需要投入更多资源去解决。对新出现的机会、问题和风险进行讨论，确定后续的策略；对超出边界和范围的工作及时反馈，以便领导做出决策，或者将工作分配到相关部门。

- **跟：及时介入和帮助**。可以采用比较正式的形式，比如日报、周报、日会、双日会、双周会等形式，也可以采用非正式的形式。对于重要紧急的工作，以天为单位沟通工作进展，对于不紧急的工作以双日、半周或者一周一次跟踪进展。定期通报和反馈工作的进度、困难、风险和取得的成果。跟进的目的是对于执行人员遇到的困难、不能解决的问题进行及时的介入和帮助，或者给予他们更多的工作时间，或者调配更多的人力和资源去完成工作。

2.11.4　进取型的会后执行事项管理

执行不仅是"盯关跟"，更多的是积极地介入和参与。

- **对于部门内的工作：** 由部门负责人牵头和主导，由员工执行和落实，部门负责人根据工作的难度、员工的能力及工作完成情况适度介入。对于工作能力强、自主性强的员工，且较为常规、风险可控的工作，给予更多授权和资源支持，锻炼员工的能力；对于难度较大、有一定风险、员工能力不足以胜任的工作，要积极介入，提供思路、策略和支持，共同讨论，及时解决问题，推进工作。
- **对于跨部门的工作：** 会后事项的推进更多是项目管理的工作，除了组织相关部门和人员开会，跟进项目进度，项目管理者需要提供更多支持，如协调资源、向上汇报、提供建议，甚至要做一些样板案例，提炼方法论，内部推广并表彰先进，起到积极的项目管理者的作用。

- **根据工作进展，及时调整优化：** 会议决议事项负责人应根据其他部门和团队相关工作的进展、公司层面相关工作的进展，对所负责事项及时进行调整优化，确定执行事项哪些可以终止，哪些可以暂缓，哪些需要加速，哪些需要配置资源；出现的新的问题哪些需要上报，哪些可以跨部门沟通，哪些工作任务可以"分发"出去。按照工作计划，到了某个工作节点就及时确认已经完成的工作。

2.11.5 增强团队建设

对于项目制和类项目制的工作，到关键节点（如项目启动、阶段性目标完成、项目取得进展）后，可以组织成员进行团队建设，通过聚餐或者其他活动增强彼此的联结和信任感，让大家对下一阶段工作充满期待和信心。团队成员之间可以不定期地进行非正式的交流，比如共进午餐，讨论工作推进中的感悟、困难和思路，甚至适当地吐槽和抱怨。这些都是释放压力和负面情绪的良好途径。

2.12 应该塑造怎样的会议文化

为了让会议更加高效，除了开会的方法，会议文化的塑造必不可少。会议文化就像土壤，而会议方法就像种出好庄稼的标准和流程，高质量的会议成果就像粮食。管理方法只有在良好的企业文化下才能发挥作用,良好的会议文化的塑造与掌握开会的方法技巧同样重要(见图2-6)。

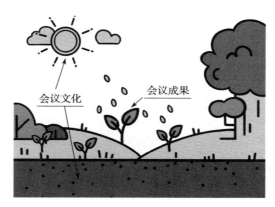

图 2-6 良好的会议文化对高效开会必不可少

良好的会议文化应具备以下特质。

2.12.1 重视策划和准备

会议是否成功,在会议开始前已经决定了 50%,高质量的会议需要重视策划和准备。

- **确认开会的必要性**:开会的目标要清晰,知道开会要解决什么问题,预期要有什么产出,要实现这个目标是否有比开会更好的方式。减少不必要的会议,选择比开会更有效的沟通方式。对于目标不清晰、产出不明确、不具备开会条件的会议,可以延迟召开或者做一些前期的沟通调研工作再策划会议。

- **重视会议的准备工作**：如果会议有必要召开且目标明确，就需要做必要的策划和准备，包括会议主题、会议议程、会议产出、参会人和准备材料，要让每个参会人知道开会的价值和意义、背景和目标、自己的价值和贡献是什么，并提前做准备。

2.12.2 氛围开放自由

- **平等开放**：在会议上，不论职级高低、负责什么工作，只要能参会，都是会议结果的贡献者。管理者要避免"一言堂"，职级高的人和主持人要塑造一种平等开放的会议文化，打破职级的限制，让普通员工更愿意发表意见和看法，"高手在民间，洞见在一线"，要相信员工具有解决问题的能力。
- **鼓励创新和容错**：参会人之所以不愿意发言，主要是担心自己的意见不够成熟，不被大家接受和采纳，或者提出意见之后会被其他人否定，但其实看似不成熟、有缺陷的建议反而是找到更加合理的解决方案的阶梯和催化剂。正确和错误是硬币的两面，只有敢于提建议，敢于创新，敢于探索，敢于试错，才有可能找到解决问题的最优策略。

2.12.3 拥有主人翁心态

会议是群体沟通、互动和决策的过程，会议中的每个人都对会议产出有影响，只有每个人都具有主人翁心态，才可能有高质量的会议产出。

- **会议组织者和主持人尽职尽责**：会议的组织者从会议的策划开始，就需要认真思考会议的目标、产出和输入条件，认真对待每一场会议，在会议上也要充分重视参会人的建议。主持人需要运用主持的方法技巧，调动参会人充分发言，根据会议的进展采取相应的策略，引导参会人实现会议目标。
- **参会人也是责任人**：会议决议与每个参会人的工作密切相关，所以参会人也要对会议决议负责，避免"事不关己，高高挂起"的心态，而且要监督主持人是否很好地履行了职责，对于会议中出现的发言过长、与主题无关的讨论要及时制止，始终围绕会议目标讨论问题。

2.12.4　强调成果产出

会议的本质是通过讨论解决工作中遇到的问题，如同在机器上生产产品，是在充足的准备和输入的基础上，通过一定的方法、程序、规则，产出企业想要的"成果"。

- **始终围绕会议目标**：不论是在会前策划和准备还是在会中讨论，参会人都需要清楚知道会议的目标。目标是否清晰？是否可以细化？是否有变化和偏离？是否需要调整？距离目标实现更近了还是更远了？是否发现了之前没有发现的问题？取得了哪些成果和进展？还有哪些差距和不足？如何解决这些问题？始终围绕目标，就会知道如何调整具体开会的策略、讨论的重点和方向。

- **要有产出意识**：会议的产出有有形的产出，比如通过了某个方案，达成了某个决议，部署了某项工作，识别了重要的问题，提出了解决方案，也有无形的产出，比如消除了大家的疑虑，达成了共识，提高了大家的责任感，调动了参会人积极性，增加了信任感，提高了开会效率，锻炼了解决问题的能力等。会议组织者和参会人都要培养产出意识。

2.12.5 持续迭代和进化

会议本身是企业经营管理的一部分和重要抓手，经营管理的思想、方法、技术和工具不断迭代进化，会议也需要不断迭代和进化。

- **重视学习和探索**：对于国内外一些好的开会方法要保持关注和学习，必要时引入企业尝试。学习和改进不是大而全的，而是点点滴滴的，每次会议改进一点点，经过一段时间的迭代，就能有明显的进步。积极引入一些新的开会技术和方法，能减少重复性的、低价值的、耗费人力的工作，提高会议效率。
- **重视总结和复盘**：每次重要的会议如战略研讨会、经营分析会结束之后，都需要进行复盘，哪些做得好？哪些做得不好？哪些需要保留？哪些需要改进？哪些证明是无效的需要停止？对于工作例会和专项会议，也要定期进行复盘和提出改进措施，包括会议的时长、频次、议题设置和会后执行落地。总结复盘和不断优化能让会议越来越高效。

CHAPTER 3
第 3 章
如何开好常见的会议

3.1 如何开好绩效沟通会

3.1.1 绩效沟通会的目的

- **总结复盘当期工作：** 对当期工作和业绩表现进行总结、评估、复盘，对工作亮点和个人优势进行肯定，对工作中的不足和差距进行反思、寻找原因，提出改进措施。
- **明确后续工作目标：** 对未来工作计划达成共识，针对个人的优势和意向，安排合理的工作，帮助员工解决问题，对工作改进的方法策略进行辅导，就能力改进重点和工作目标达成共识，以改善团队绩效，达成团队目标。
- **寻求更多支持协助：** 对员工而言，可以利用绩效沟通会，展现自己工作的价值和个人能力，表达自己的态度、诉求和建议，寻求更多资源支持和工作改进策略建议。
- **构建良好的沟通方式：** 绩效沟通会是日常工作沟通和非正式沟通的补充形式，可以帮助部门负责人和员工彼此理解，探讨问题和策略，构建团队信任。绩效沟通会的方法技巧也适用于日常工作沟通，有助于提升管理者和员工的沟通能力。

3.1.2 绩效沟通会的准备

- **会谈通知**。

绩效沟通会由各级管理者发起，通常需要一周时间。提前一周进行绩效沟通会的准备，提前约部门员工单独沟通，确定绩效沟通会的时间，说明绩效沟通会的背景和目的，并告知需要准备的事项，可以体现对这项工作的重视，也可以提高员工的接受度和认同度。好的准备才能带来好的结果，避免不通知临时发起会谈或者在双方比较忙碌、疲惫的时候会谈。

- **管理者的准备**。

    √ 收集员工的工作成果、平时的工作表现、其他同事的评价，基于此形成对员工绩效评定的初步结果。
    √ 分析员工个人特点、优势、不足、工作匹配度。
    √ 整理部门下一个工作周期的目标，员工的工作安排与优化、工作分工与协同。
  - ✓ 分析员工的典型问题、不足，提出后续工作开展的策略和建议。
  - ✓ 准备面谈沟通的问题提纲、可能遇到的问题及应对策略。
  - ✓ 确定公司和部门未来的愿景、目标、下一阶段的工作重心。

- **员工的准备**。
  - ✓ 本人当期的工作成果、业绩表现，客户、部门内外部人员的反馈。
  - ✓ 本人对自己工作的评价，分析优势和不足。
  - ✓ 本人的需求和建议：工作安排（工作重点、工作类型、工作难度、任务量等）建议、工作中的困难和需要的支持（人、财、物）。
  - ✓ 未来的工作计划、工作改进策略、思路和行动方案。

3.1.3 绩效沟通会的过程

- **管理者开场白**。

  开场白有三个要点。一是说明绩效沟通会的目的，结合前面列出的目的选取重点讲述，主要突出帮助员工成长和改善绩效，取得更好的成绩。二是创造良好的沟通氛围。绩效沟通会是一种介于正式会议和非正式会议之间的形式，不能漫无边际地泛谈，也不能太过严肃拘谨、一板一眼。谈话要真诚、轻松、自然，抱着开放的态度，不是管理者给员工评定了绩效并告知，也不是让员工认错写检讨，而是共同去探讨工作中的成败得失。管理者需要承认可能还有自己不知道的情况，绩效评定的结果也不是最终的结论，可以根据与员工面谈的结果进行适度调整，这样才能公正客观。三是引导员工对自己的工作进行总结评估。

{ 开会技巧 }

绩效沟通会如何开场

"小陆，公司马上要进行一季度的考核，而且公司对这方面很重视，我希望通过今天的交流，能对你第一季度的表现有一个比较客观的评价。当然，更重要的目的是发现问题，总结经验，提出工作改善的策略，帮助你更好地成长和开展后续工作。今天的面谈内容也会围绕这些展开，如果你准备好了我们就开始。"

- **员工自我工作绩效评价**。

    自我评价包含以下内容。

    √ 工作事项、成果、绩效结果；是否达到了之前设定的工作目标，自己的评价、内外部客户的评价。
    √ 工作中的亮点总结，未达成目标的原因分析。
    √ 为了更好地完成目标，自己的改进思路、策略及重点方向。
- √ 自己的困难、问题，期望得到的支持等。

- **管理者反馈**。
  - √ **对业绩和优点予以肯定**：对员工的成绩进行反馈，挖掘员工工作中的亮点，最好列出具体事例加以证明，及时给予表扬和鼓励，这也有助于创造一个良好的会谈氛围。
  - √ **共同分析工作差距及原因**：对未达目标和预期的工作进行分析，重在分析原因，描述这种行为带来的后果，尽量做到客观、准确、不指责。
  - √ **描述具体的行为和事件**：避免概括性的结论和推论，比如"你沟通能力比较差"，而是就某次具体的沟通情景，提出哪些方面做得欠妥当，对事不对人。
  - √ **对有分歧的内容最后再做讨论**：重在维持良好的沟通氛围，经过开放式沟通后，获取新的事实和信息再进行讨论。
  - √ **承认和客观对待差异**：沟通需要有耐心，即使有分歧、异议和冲突，也要承认问题的合理性，对员工敢于暴露问题的行为进行肯定，问题只有提出来才有可能得到解决。
  - √ **重在聆听，保持开放的态度**：从员工的角度看问题，即使做了充分准备，也要承认自己可能有信息盲区或者判断失误，保持开放的态度。

- **管理者引导下的开放式沟通。**

    √ **开放式沟通的目的**：开放式沟通并不是一个特定的环节，而是贯穿整个绩效沟通会的过程。如果员工在自我工作总结和评价环节的反馈与管理者的预期差别比较大，或者员工对于给予自己的绩效评价有异议，就需要通过开放式沟通去获取新的信息，分享真实想法，消除信息层面的差异。

    √ **开放式沟通的策略**：提出有启发性的问题让员工回答，并根据员工的回答给予引导、提示和回应。总体策略是管理者多听、多提问题、少发表意见，即使发表观点和看法，也是尝试性、探讨性的表达，而非最终结论，避免给员工造成压迫感，而要发挥员工的主动性和积极性。常见的开放式沟通问题举例如下。

"这个工作做得不错，你觉得主要原因有哪些？"

"同样的方法应用到哪些工作中会取得不错的效果？"

"如果重新做一遍，哪些方面会做得更好？"

"你认为自己在哪些方面还有提升的空间？与同事沟通、协作得怎么样？"

"为了更好地完成工作和提升自己的能力，你认为你需要改进哪些方面？需要部门和公司给你哪些支持？"

"你觉得目前部门的工作安排合理吗？可以从哪些方面来改善？"

"假如绩效考核满分是100分，你能给自己打几分？"

"60分？那扣分都扣在哪儿了呢？"

……

{场景案例}

绩效沟通会中的开放式沟通

某部门管理者："很好，你也知道，部门中一项重要的KPI就是服务好业务部门，这次考核，业务部门投诉了我们部门的协作问题，他们反馈我们经常以'工作忙'为借口，拒绝他们的工作支持需求，导致新品发布会的效果没有达到预期，给公司带来了一定的损失。由于你是主要负责人，根据公司考核标准，一季度考核你的绩效评价是C。对这一点，我也想听听你的看法。"

- **员工向管理者提问**。

员工可以就自己想要了解的问题向管理者提问，明确工作改进方向和策略。

"我的表现与您的期望相比如何？"
"这个工作做到什么程度就可以拿到绩效A了？"
"我达到怎么样的业绩，就可以涨工资？"
"与部门其他同事相比，我在哪些方面还有不足？"

- **异议处理**。

√ 异议发生的情况：异议和分歧常常会发生在绩效评价比

较低的员工身上，常见于管理者给予的绩效评价与员工自己的预期不相符，甚至差别很大，此时容易引发异议和分歧，甚至一些情绪反应乃至冲突。

- ✓ **异议不大的沟通策略**：对管理者来说，经过充分的准备和信息、数据的收集，其对员工绩效的评价基本是客观准确的，如果员工对绩效评价结果有异议但是异议不大（比如管理者评价为B，而员工评价为A），则管理者需要耐心倾听员工的解释，看看是否有自己不了解的信息和其他原因，如果没有新的原因和事实，管理者应善意、温和地提出自己做出评价的原因。如果员工可以接受则转到后续环节，如果反应剧烈或者不接受，则作为遗留事项进行二次沟通。
- ✓ **异议较大的沟通策略**：如果双方绩效评价结果差异较大，管理者同样需要听员工解释，待员工解释后，如果发现员工态度良好，只是评价标准或信息输入有差异，可以和其进行沟通，请其理解给出此结果的原因。如果是态度或者情绪的问题，则先缓和员工情绪，再和员工约时间沟通。

- **制定改进策略和后续计划**。

    - ✓ 经过开放式沟通和异议处理后，与员工就当期的绩效考核结果达成一致。
    - ✓ 对于没有达成一致的员工，分析分歧后进一步沟通，直到达成一致。如果异议较大，可以请人力资源部门协助，对员工的工作绩效进行评价，对其工作进行重新定位，做出调整。
- √ 根据公司和部门下一阶段的目标，与员工就下一阶段的工作目标和考核标准达成一致。
- √ 为提高员工的知识和技能，确认需给予的资源和支持。
- √ 总结员工的优势，提出 2～3 点可以改进之处，探讨具体的解决方案。
- √ 对会谈的要点做总结记录并请员工确认，形成会谈结果以便后续跟踪落地，记录重点包括员工认同的事情、改进措施以及员工不认同的事情。
- √ 承认本次会议的价值和结果，给予员工充分的鼓励。

3.1.4 绩效沟通会的注意事项和技巧

- **对不同员工采取不同策略：**绩效沟通会要因人而异，对于不同员工策略应适当不同。对于绩效表现好的员工，既要肯定他，鼓励和激发他挑战更高的目标，又不能让他太过膨胀以至不受约束和管理。对于绩效表现不好的员工，更多发现其优点，给予鼓励，分析找出影响工作绩效的核心因素，帮助其改进。同样，对于新员工和老员工、性格外向和性格内向的员工、不同年龄段的员工，具体的沟通策略也应该有所区别。
- **选择合适的面谈周期：**绩效沟通会的周期不要太长也不要太短，每季度、半年度进行绩效沟通是比较合理的周期，项目制的工作一般在项目结束时进行总结复盘和绩效沟通。绩效沟通的方法也可以应用到日常的反馈沟通中，及时的、非定期的绩效反馈也很重要。

- **绩效沟通会中的非正式交流**：既谈工作、谈成果，也谈个人、谈成长，对于员工个人的优缺点、个人习惯、个人成长、遇到的问题等影响到工作开展的非隐私话题都可以谈，展示管理者对员工的关心，也可以构建较好的信任关系。
- **给员工有价值的建议**：绩效沟通会过程中管理者也要为员工输入有价值的建议和策略，可以用委婉的、员工可接受的方式，比如分享自己成长过程中遇到的问题以及解决方法，让员工感受到善意和帮助，这比直接告诉员工应该怎么做效果更好。
- **重点在未来而非过去**：绩效沟通会的目标是帮助员工在未来的工作中取得更好的成绩，是着眼于未来，而不是盯住过去不放。
- **注意一些语言技巧的运用**：比如多使用"我们"，尽量避免使用"你""我"等词。

3.2 如何开好部门周例会

3.2.1 部门周例会存在的问题

- **工作汇报与专题讨论定位不清**：部门周例会常规的功能是汇报工作进展，检查各项工作的进度是否正常，是否按照计划实施，哪些事项有偏差、问题和风险，并对这些事项进行讨论，进行工作部署。如果对这些偏差和问题深入讨论，容易变成专题讨论，占用较多时间；如果仅仅是泛泛而谈，又不能解决问题。
- **"陪会"现象严重**：一个部门不同的人员负责不同的工作，有时候工作之间联系不大，一个人汇报工作时，对其他人作用不大，其他人也提供不了更多建议，存在"陪会"现象，导致会议效率低下。
- **部门周例会和日常工作讨论边界不清**：很多工作在日常推进的过程中已经进行了讨论交流，平时有任何信息和问题都会在工作群里沟通，部门负责人也会参与部门工作，对各项进展比较清楚，这样的工作无须再在部门周例会上讨论。

3.2.2 部门周例会的定位和价值

- **部署工作**：公司和部门都是从年度计划分解到月度计划，再从月度计划分解到每周工作。周例会需要对照公司及部门年度、月度重点工作日历，把月度工作分解到每周，进而分解到每个团队和个人，避免有些重点工作迟迟不能落地。
- **汇报进展和问题**：部门周例会需要讨论部门各项重点及基础工作进度是否正常进行，是否达到目标。及时反馈当前工作开展中的痛点、难点问题，与原计划出现的偏差。依靠原有计划、人员、资源不能完成的工作也需要在部门周例会中反馈。要塑造敢于暴露问题的文化，对及时暴露出来的问题，可以不追究责任或者减少责任，但是因不暴露问题而影响工作目标和进度完成的要担责。

- **探讨策略，做出决策：** 对出现的问题进行讨论，寻找对策和解决办法。根据讨论做出是否采取某项策略或者行动、是否增加相关人员和资源、完成时间是否需要延迟或者调整等的决策。根据工作进展、各种工作事项重要紧急程度的变化、新决策事项、新增临时性工作，重新分配安排新的工作。
- **提升士气：** 部门周例会是部门所有人都参加的会议，也是团队交流的重要场合，具有一定的仪式感，部门负责人可以利用部门周例会鼓励大家，调动团队的工作积极性，强调部门和团队的价值观，鼓舞士气，统一思想。

3.2.3　部门周例会的议程设计

- **会前准备**。
    - √ **议程安排：** 周例会的议程包含四个部分，即上次会议落地事情跟踪通报、工作计划和进度回顾、专项工作讨论、后续工作部署。专项工作是指当前工作开展中遇到的一些比较重要的、需要讨论的工作事项，按照其重要程度安排议程，重要的工作安排讨论的时间多一些。如果没有需要在周例会上讨论的专项工作，这部分议程可以取消。

- ✓ **周报**：周例会前每个人应该把自己负责的工作进展写成周报，提前1天发给参会人。周报内容包含工作主题、工作内容、成果输出、完成情况、偏差分析、下周计划、本月滚动计划、风险与对策、风险求助等。每周的工作需要承接月度的工作目标和重点工作，并根据工作的进展和经营情况的变化，对当前的工作重点进行调整。所以周报需要在列出下周工作计划的同时，列出后续一个月以内的重点工作，以保证对月度的重点工作可以提前准备和启动。周报内容的详细程度可以根据各自工作需要把握，宗旨是让同事看了周报，就能简明扼要地知道工作的进展、问题和风险、后续计划以及要给到的支持。每个参会人需要提前阅读其他人的周报，记录下自己的问题、思考和建议。
  - ✓ **专项工作方案**：如果在周例会上需要讨论专项工作，必要时也需要提前准备汇报材料，汇报材料应该精简，简要说明工作中的问题、解决思路及行动计划即可。

- **会中讨论**。
  - ✓ **上次决议事项回顾**：对周例会而言，需要在每次会议的开始对上次周例会的决议落地事项进行回顾，看看哪些工作已经完成，哪些工作进度延后，遇到什么问题，是否需要支持协助，并解决往次会议遗留问题，也需要向进度延后事项负责人提出后续思路计划，以及可能的支持和协助，由部门负责人对此进行协调安排，协助推进。这部分讨论 5 ~ 10 分钟即可，避免占用太多时间，遇到难点工作可另行专题讨论。在会议开始时回顾上次决议事项有助于培养在会后执行落地会议决议的意识和习惯。

- ✓ 当前工作进度讨论。
    - ❖ **个人工作汇报**：每个人都写了周报，但并不需要每个人都按照周报再汇报一遍，汇报的时候主要说明以下几点：上周最重要的三件事情是什么、是否完成，进展有偏差的事项、偏差原因的简要分析，后续的解决方案和行动计划，遇到的问题（避免隐藏问题，把问题是什么、原因分析说明白，以及自己做的努力和思考建议都提出来）、风险点，以及需要部门协调支持的事项。对于偏离计划，超出个人或者小团队工作能力的工作，需要及时求助，请求更多的支持。会议讨论进度、问题和解决方案，只讲结果，不讲过程。不需要提及日常基础工作。工作汇报需要"对照目标谈结果"，需要对照上周周例会提出的目标进行回顾，而非选择性地把某些没有完成的目标漏掉或者去掉，新添加的工作事项可以用高亮字体标记出来，这样可以提高周报的严肃性，避免"脚踩西瓜皮，滑到哪里算哪里"的工作习惯。个人汇报主要是进度协调、资源调配，涉及专题性、根源性、老大难问题不要在常规工作汇报时讨论。

{ **开会技巧** }

用"红黄绿灯"表示工作进度

周例会上汇报各项工作进展的时候,通常会用表格汇总,可以在表格的最右侧用不同颜色的"小圆圈"来表示工作的进度。

绿色:工作进展正常或顺利完成。

黄色:工作有点滞后或进展情况不达预期,但是自己可以解决。

红色:工作严重滞后,有较大困难或影响比较严重,需要特别关注、部门负责人或其他同事进行支持。

通过用"红黄绿灯"表示工作进度,汇报人在汇报工作的时候可以抓住重点,其他人在看周报的时候也一目了然,部门负责人重点关注红色事项即可。

❖ **部门负责人质询和回应**:个人汇报完,由部门负责人对工作的进度、成果、风险及后续计划是否符合部门工作总体开展要求进行质询,对汇报人提出的问题及求助进行响应。对于没有汇报到或者没有列入工作计划内的事项也可以提问和质询。由于部门负责人一般都会参与各项工作或者对各项工作的进度有大致的了解,对于进度正常的工作不用讨论太多,留时间给那些进度有偏差的、有风险和困难的、需要集中研讨的工作事项。部门负责人要能发现问题,指出问题,与员工探讨出解决策略，和主持人一起创造出鼓励发言的氛围。

{ 场景案例 }

工作计划调整

新品发布会是营销部上半年重点工作之一，计划下个月下旬召开，小赵负责新品发布会的组织和筹办。在周例会上汇报工作的时候，部门负责人何经理没有看到关于新品发布会的工作安排，于是问小赵这项工作的计划。小赵计划到两周后也就是本月底组织部门讨论新品发布会的策划方案。由于小赵是今年新来的员工，刚接手这项工作，对于去年新品发布会的具体情况并不了解，于是何经理告诉他，新品发布涉及的工作和部门比较多，提前一个月准备时间会很仓促，需要提前一个半月准备。于是小赵调整了自己的工作安排，计划本周完成发布会的策划方案，下周组织部门召开会议研讨。

- ❖ **其他同事建议和回应**：工作汇报需要有互动和交流，需要避免汇报人长时间单向输出。在部门负责人发表完意见后，应该让其他同事发表意见和回应，主要讨论与自己工作相关的事项，以及从自己的角度对此项工作的建议。每个人做的工作不一样，看到的问题不一样，角度也不同，更容易有好的建议被提出来。自己认为比较棘手的问题，其他同事可能会有更好的解决思路。如果部门负责人对某项工作参与得比较少，也可以让参与得比较多的同事先发言，自己最后再给出反馈意见。

- √ **本周工作安排**：所有的工作汇报完，由部门负责人对各项工作进行部署（也可以在每项工作汇报完时进行），明确下周团队和个人的工作目标和重点、计划进度调整、人员和资源调配、新工作开展计划。对于工作范围和边界发生变化的地方，以及人员和资源的重新调配，需要特别说明。如有需要，确认本周内需要专题讨论的会议时间。
- √ **会议结论讨论和确认**：会议的最后应该留5～10分钟，由主持人或者部门负责人对本次会议的主要事项进行总结确认，主持人复述一遍会议决议，没有异议视为同意，包括对相关工作安排的责任人、完成时间、交付成果进行现场确认，使得每项工作都有责任人和交付标准，并说明在下次开会时跟踪进展。

- **会后跟踪和执行**。

会议纪要在当天发给参会人，并且在下周开会时检查落实情况。对于周例会确认的工作事项，由每个责任人进行跟进落实，如部门人员比较多，可以指定一位待办事项督办人，部门负责人也可以在过程中跟进询问、沟通讨论。一周的时间比较短，但也需要在下次开会前按照计划有成果产出和进展。

3.2.4 部门周例会的方法和策略

- **关于会议时间：** 周例会的时间一般在周五或者周一，刚好对上一周的工作进行总结，并对下一周的工作做计划。时长在 30 分钟到 1 个小时即可，不要超过 1 个小时，如果议题太多，可以再另行召开会议。

- **关于专题讨论：** 周例会上会对一些进展有问题、有困难和有风险的事项进行讨论，如果在 5～10 分钟可以讨论完，则可以在会上讨论。如果部门负责人、会议主持人和此项工作的负责人根据讨论进展，认为此项工作在周例会上不能讨论完或者缺乏一些信息输入、前置方案，则可以另行约定时间进行专题讨论。周例会上对某项工作的讨论不应该占据太长时间，如果只涉及少数人，可以将其安排在会议结束之后，其他同事先散会，与此项工作相关的人员留下来继续专题讨论。

- **关于批评和赞扬：** 开会只讨论问题是什么、产生问题的原因，以及如何解决问题，而不是追究责任。要把问题当成部门的问题、客观的问题，避免对个人能力进行过多追责和批评。表扬和批评都要具体，批评的时候要针对具体问题或者共性问题，提出改进建议，表扬需要当众表扬，并说明学习点，让当事人分享他做到的经验、好的工作方法。如果要批评当事人，可以会后单独沟通。周例会不同于复盘会，对于做得好的工作及不足之处不需要太细致描述，点到即可。

- **关于会议主持人**：如果部门周例会参会人少于 5 个人，一般来说没有必要设置会议主持人，可以由部门负责人主持会议，形成固定模式之后，大家按照议程汇报和讨论即可。如果参会人多于 5 个人，可以设置其中一人为主持人，由其负责组织会议，督促周报，发现问题并主持讨论，从而减少部门负责人的工作，也可以锻炼团队成员的沟通协调能力。主持人可以一个月轮值一次，这将有助于增进部门人员对于全部门工作的熟悉和理解。关于如何主持会议可参见本书相关内容。
- **关于业务部门的周例会**：主要是对一些基础和重点工作的完成情况、目标和指标进行回顾，发现问题，提出对策，总结经验。如销售部门的周例会主要是总结上周关键工作结果及指标，如周销售额、个人周销售额、沟通量/拜访量、有效线索数量，分析如何辨别高质量线索，如何提高成单率，以及案例分析、经验萃取等。
- **动态复盘和优化调整**：部门周例会属于常规会议，但有时候太过"常规"导致会议低效，需要周期性地对会议时间、频率、议题等进行复盘和反思，提出会议改进措施，让"常规"会议更加高效。

3.3 如何开好头脑风暴会

3.3.1 头脑风暴会的适用场景

头脑风暴会指的是为开发和改进产品、提高市场表现、解决经营管理中的问题等，将相关人召集在一起，以会议的形式，对某一问题进行自由的思考和设想，提出各自的解决方案，并最终形成最佳方案。

头脑风暴会的方法可以应用到公司经营管理的各个方面，如新品开发、营销策略、客户服务、流程优化、组织优化、战略研讨。头脑风暴会的本质是群策群力，集合群体的智慧，对面临的问题探讨出解决之道。所以头脑风暴会并不是一个单独类型的会议，而是一种开会的方式和方法，可以应用到各种类型的会议中，如专题讨论会、务虚会、战略研讨会等。

3.3.2 头脑风暴会的步骤

● **定义问题／确定主题。**

问题有不同的层次和范围，层次越高，范围越大，可以探讨的话题越广，提出的策略可能会越多，但是针对性也会越弱。层次越低，范围越小，可以探讨的话题越窄，提出的策略数量会越少，但是针对性和指向性会越强。会议组织者需要根据当前面临的问题，选择合适的层次和范围，由此确定会议主题。

〔场景案例〕

让会议主题更准确

A公司面临销售增长乏力的问题，去年的销售额增长只有5%，而行业平均增长可以达到8%，标杆企业增长可以实现12%，今年公司定了销售额增长10%的目标。为了解决这个问题，销售部打算组织一次头脑风暴会，商讨有哪些可以提升销售额的策略。

小张负责组织这次头脑风暴会，他提出了几个备选主题。

主题1：如何提高公司的销售额。

主题2：如何实现销售额增长10%的目标。

主题3：如何通过新媒体广告的投放实现销售额增长10%的目标。

经过比较之后，他认为主题3更加具体，于是把主题3提交给了销售部总监李总。李总看了小张的提案后和小张沟通："我们公司连续3年销售额增长低于平均水平，核心问题不在于市场营销和广告投放，而在于我们的产品比较老，缺少有竞争力的新品，产品部推出的几款新品市场反应都比较平淡，要提升公司的销售额，核心在于如何开发出有竞争力的新品。"

李总经过和小张沟通，最后把会议主题定为"如何通过有竞争力的新品研发把销售额提高15%"。只有把目标定得更高，才有可能跳出常规的思路去看有哪些创新甚至颠覆性的机会，也只有把目标定得更高，才有可能实现公司销售额增长10%的目标。而且本次会议的邀请人员要扩展到产品研发部、客服部、供应链部门。

头脑风暴会的主题应该尽量具体，但不是越具体越好。适当地提高讨论的层次，扩大讨论的范围，有利于从不同角度发现问题、提出建议。但是也要避免太过宽泛，否则容易导致漫谈而不够聚焦。

- **准备材料**。

  高质量的头脑风暴会并不是仅仅通过天马行空、无拘无束的思路碰撞就可以实现会议目标，无规矩不成方圆，头脑风暴会本质上还是会议，本书中提到的开会的通用方法依然适合头脑风暴会，前期准备对于头脑风暴会非常关键。

  不同类型的头脑风暴会所需要的材料不同，以下是一些常见的头脑风暴会可能涉及的材料。

  - √ **产品策划类会议**：现有产品的客户反馈、产品市场表现一般的原因分析、竞争对手的新品分析、客户需求分析、跨行业新品的形态、消费升级趋势分析等。
  - √ **市场营销类会议**：客户需求分析、渠道分析、广告效果分析、客户满意度分析、竞品分析等。
  - √ **流程优化类会议**：现有流程卡点分析、痛点分析、关联流程分析、标杆企业流程最佳实践、关键节点输入输出标准等。

  可以由会议组织者收集相关材料提前发给参会人，也可以请参会人将他们容易获得的材料分享出来，材料贵在精准和相关而不在多，过多的材料必然需要参会人花较长的时间消化吸收。

  会议组织者也可以列出材料参考方向，请参会人根据对会议主题的理解自行寻找材料。不同的人关注点不同，各自的优势和特长不同，信息渠道和来源不同，这样安排有可能找到更多更有价值的材料。

对于小规模的头脑风暴会，也可以在现场把收集到的材料分发给参会人，让参会人现场阅读并提出建议。

- **提出建议**。

如果是会前阅读会议材料，参会人需要提前把自己的想法、观点、建议梳理出来，在会上发表。如果是现场阅读会议材料，也需要留出 5～10 分钟，让参会人独立思考，然后提出自己的想法和建议。

这个阶段最核心的是深入思考，参会人应尽量从不同角度、不同层次提出策略和解决方案，每个人提 1～3 条。不同的解决方案应该有一定的差异性，而不是对同一类型的建议进行细化。差异性越大，解决问题的视角越多，越有可能找到最佳解决方案。

- **头脑风暴**。

当每个人都有自己的思路和建议后，就可以进入头脑风暴阶段了，有两种方式。

方式 1：给每人发一张白纸，让大家写下各自的想法和建议，由主持人或辅助人员把大家的建议收集起来。

方式 2：现场让每个人发表自己的建议，由主持人或辅助人员记录在白板上。

这个环节应尽量原汁原味地呈现每个人最初的想法，不需要总结和提炼。这个环节也是头脑风暴的黄金时段，需要鼓励每个人继续发散，因为别人好的想法可以激发自己更多、更新、更好的想法。

当记录人员在白板上写完第一轮的想法和建议后，就开始第二轮，把新的想法再发表和记录一遍。第二轮不要求每个人都发言。如果是基于某个想法之上的想法，就写在这个想法后面，或者用符号、箭头等标记出来。第二轮完成之后，如果还有新的想法出来，可以再来第三轮，直到大家没有新的想法和建议为止。

这个阶段要避免对方案进行选择和否定，尽可能多提建议，不论质量如何。因为头脑风暴会希望达到的状态是一个想法引发另一个想法，如果这个时候进行选择和否定，就会阻止这种连锁反应的发生。

这个阶段也不要强调哪个想法是哪个人提出来的，而应强调是群体智慧的成果。如果太过强调个人，每个人都会在意自己的想法会不会被采纳，而不是提出更多、更好的建议，要塑造一种围绕目标提出更好策略的会议氛围。

如果这个阶段确实没有想法，就说明原来的议题方向是有问题的，可以对现有的议题复盘之后再重新定义讨论方向。

- **方案粗筛**。

当不再有新的建议和想法的时候，就过了"发散"的阶段，可以进入"收敛"阶段了，分为以下三个步骤。

第一步：排除不具备可行性的方案。排除那些明显不可能实现、成本太高、投入太大、技术困难很难克服、条件不具备的方案，但是要鼓励和肯定提出这些方案的参会人为会议贡献了价值，而且这些建议在其他场合里、解决其他问题时或者在未来的某些场景中有可能会被采纳。

第二步：初步筛选出可行的方案。会议组织者需要提出几条方案筛选的标准，例如可操作性、投入和成本、解决问题的效果、创新性等，和参会人一起确定最终筛选标准。如果备选方案少于3个，可以直接进入下一步；如果备选方案多于3个，可以按照筛选标准，对各个方案进行打分，选出得分最高的3个。

第三步：补充一些要点细节。对于选出来的2～3个方案，通过群体讨论的方式，补充方案实施操作所需要的要点。在头脑风暴环节，主要是方案的初步设想，在一定程度上会忽略方案的实操条件，这个时候需要进一步细化。只有细化的方案才具有可操作性，也才可以供进一步比较选择。有些看似很好的方案在操作的时候会遇到不可克服的困难，这个时候就会显示出它的不足。

方案粗筛阶段如果参会人有新的想法和建议，同样可以将其纳入筛选环节。

这个阶段同时需要检验提出的方案是否符合会议最初设定的目标，如果与会议的目标相差较大，则需要考虑这些方案是否有效，以及是否需要重新召开一次会议。

- **方案确认**。

对于已经补充了实施要点的备选方案，需要做最后的确认，有以下两种方式。

方式1：现场讨论确定。对于比较简单，大家意见比较统一、分歧不大，而且优劣势明显的备选方案，可以通过现场研讨、举手表决的方式现场确认。

方式2：投票表决。对于争议比较大，优劣势差距不明显，较为复杂，或者和参会人有利益关系的备选方案，可以通过投票的方式进行决策。

对于投票意见比较相近，或者现场不能决策的方案，可以把备选方案、现场讨论结果、会议纪要提交上级，请上级进行决策。

3.3.3 头脑风暴会的原则和注意事项

- **尽量选择多元背景的人员参会**。

多元背景的人员能够带来差异化的视角，有可能提出更多不同的建议。参会人选择可以从以下角度考虑，而且头脑风暴会的最佳参会人数是5～8人，不要超过10个人。

- √ **跨部门的人员**：如果讨论某个专题，可以选择产品、市场、营销、供应链等不同部门的人员。
- √ **内部人员与外部人员**：某个部门讨论部门内部问题，可以邀请其他部门人员参加；公司讨论公司内部问题，可以邀请外部人员（客户、供应商、合作伙伴、专家、顾问）参加。
  √ **不同性格类型**：外向型性格与内向型性格的人都可纳入参会人。
  ……

- **发散阶段重视数量而非质量**。

  发散阶段最重要的是提出更多的建议和思路，而非追求建议的质量，更多的数量才能带来更多新的解决方案，如果重视质量，就会趋向于收敛思维，过滤掉可能的新的想法。而且可以在收敛阶段再补充建议的要点以提高质量。

- **延迟评价**。

  对于头脑风暴会，最重要的是在发散阶段避免对现有的想法和建议进行评价、否定和批评，否则大家的思维模式就会趋向收敛，而且某个建议被否定之后，会一定程度地打击参会人提出新想法的积极性。

- **限定时间**。

  头脑风暴会看上去应该自由自在、无拘无束，不应该有时间限制。但是时间长并不意味着好的想法和创意会多，反而限定时间会给大家适度的压力，在有限的时间内提出更多的建议，激发积极性和创造性。每个议题的研讨时间设置在 20 ~ 30 分钟为宜，而每个人发言不要超过 3 分钟，发言要简短，避免过多细节论述。

3.4 如何开好经营分析会

3.4.1 经营分析会常见的问题

- **排排坐、轮流汇报**：很多公司的经营分析会，每个子公司、事业部、各部门都要汇报工作，一开就大半天或者一整天，各部门仅仅在本部门汇报的时候发言，大部分时间都在听其他部门汇报，很多汇报与自己工作相关度不高。每个部门汇报完，公司领导询问工作进展，做工作安排和指示。这种会议更多起到信息共享和拉通的作用，起不到解决问题、讨论策略、做出决策的作用。

- **喜欢说功劳，不暴露问题**：很多公司开会喜欢"报喜不报忧"，汇报自己做了什么事，取得了什么成绩，不谈自己的问题，好像是"家丑不可外扬"，即使谈到，也是以一种含蓄的方式点到为止，说一些大家都知道的问题，对于深层次的问题不去讨论，缺乏主动暴露问题的意识。

- **业务和财务两张皮**：很多公司因为业务和财务并没有真正融合和打通，业务方面还是业务主导，财务仅仅是"账房先生"，要么是业务主导，财务配合，要么是财务对业务的各项开支费用牢牢把控。在经营分析会上，也是财务汇报财务数据，业务汇报业务工作，缺乏用财务数据透视业务问题并提出解决方案的能力。这使得经营分析会就具体业务问题谈业务问题，缺乏以财务数据、经营目标、年度KPI为抓手的系统的、全局性的分析框架。

3.4.2 经营分析会的目标和价值

- **达成年度经营目标**：制定了战略和年度目标之后，需要通过日常经营一步步实现目标，在这个意义上，经营分析会也是战略落地的重要抓手。经营分析会最基本的目的是检查各项工作是否按照计划进行，各项目标和指标完成的进度如何；哪些业务完成得好，为什么好，这种好是否可以持续，好的做法是否可以复制推广；哪些业务完成得不好，问题在哪里，如何解决。

- **暴露问题，分析问题**：企业在经营中会出现各种问题，如产品的问题、销售的问题、内部管理的问题。正是这些问题影响目标达成。有些是老问题，有些是新问题，有些是表现出来的问题，有些是比较隐蔽的问题。需要在经营过程中及时反馈显性的问题，也需要通过年初制定的各项目标、指标去拆解、分析相关隐性的问题，识别差距，并找到问题根因。

- **识别机会，调配资源**：经营的过程中因为外部环境的变化和客户需求的变化，会出现各种商业机会，之前计划中的机会也可能消失或者变得很难把握，为了实现年度经营目标，就需要放弃那些已经失去或者不合适的机会，抓住新的机会，这往往会涉及资源的重新调配，乃至考核指标的调整。需要通过经营分析会讨论并达成共识，解决一线作战中呼唤炮火的问题。

{ 场景案例A }

某电动车企业"空降"销售人员到高增长区域

某两轮电动车A公司华北区域销售大省如河北等地受新冠疫情影响，大部分企业实行居家办公，该省的销售额断崖式下跌。而华南主要省份，如广东受疫情影响较小，民众对两轮电动车外出代步的需求有所增加，销售额保持增长。

A公司总部在月度经营分析会上讨论后认为，广东省三四线城市乃至乡镇市场依然有未被满足的客户需求和销售机会，但目前广东本地的销售人员不足以覆盖三四线城市及乡镇区域。于是公司高层做了一个决定，临时把河北部分销售人员远程"空降"到广东，深入三四线城市及乡镇区域，和当地销售人员搭档，成立新的销售团队，针对第二季度销售的"黄金期"展开市场推广和销售活动。

经过2个月"地毯式"的市场推广和"保姆式"的销售服务，广东省的销售业绩同比增长了60%，有效地弥补了华北区域的销售额下滑，确保了年度经营目标的实现。

{ 场景案例B }

某餐饮企业在新冠疫情期间开展社区团购

某上海餐饮企业B公司，在新冠疫情期间营业收入直线下降。为了达成年度目标，在4月的月度经营分析会上，核心讨论议题是如何发现疫情中的营收机会。经过管理层的讨论，最终发现社区团购还有很大的机会，而B公司有很好的食品蔬菜的供应链资源。于是它以员工所在的小区为据点，公司员工担任所在小区的"团长"，展开了社区团购的服务，既有效地保障了上海部分小区的食品蔬菜供应，也达成了公司年初制定的经营业绩目标。

- **提出对策，做出决策：** 对问题进行分析，识别根因并提出解决方案。因为企业经营是一个系统，很多问题彼此关联，不同问题有轻重缓急之分，而企业的资源是有限的，只能优先解决最重要、最迫切、影响范围比较大的问题，所以需要识别出来这些问题，先针对这些问题提出最优解决方案。

3.4.3 经营分析会如何准备

- **确定主责部门：** 不同公司经营分析会的组织和主导部门不同，财务部门、战略部门、计划运营部门、总经办、行政部都有可能成为主责部门，小公司和创业公司往往由总经理组织召集。不论哪个部门负责，需要保证两点：一是对公司的经营状况有很好的理解，能够对公司经营提出有价值的看法和建议；二是对会议结果负责，不仅仅是组织会议和收集材料，更要能够策划会议，确定议程和议题，并根据经营情况的变化动态调整与优化议程和议题。业财融合比较成熟的公司可以由财务部门负责，职能部门比较成熟的公司可以由战略部、运营部主导，中小公司和创业公司可以由业务部门甚至一把手组织。

- **建立分析框架和语言：** 主责部门要建立业务经营分析的框架，重点关注关键指标，比如零售类公司重点关注人、货、场相关的经营指标；统一经营分析会的语言，特别是要做到数据和关键指标的标准和定义、口径和分类统一，数据的来源真实、可靠和易获得；统一会议的模板，提高会议讨论的效率。
- **确定议题和议程：** 议程和议题设计需要针对当下最重要的经营问题，抓重点、抓典型、抓难题、抓机会，切忌面面俱到，不必让每个部门每次会议都来汇报。议题设置可以分为常规议题和动态议题，常规议题应该包含目标和经营结果晾晒、差距分析、机会分析、经营预测、重要议题决策，动态议题可以包含行业动态和热点、外部对标、内外部最佳做法推广、专题讨论、重点工作进展追踪等。
- **自下而上，层层开会：** 对于大型、集团型公司，每个层级、业务单元都需要开经营分析会；而对于中小公司，则每个部门应该召开会议，把内部可以解决的问题先内部讨论解决，内部解决不了的，且通过跨部门沟通依然解决不了的，可以提到公司的经营分析会层面或者召开专题会讨论解决。如有必要，可以召开小范围的会前会进行讨论。所以经营分析会应该从下往上开，部门层面反映问题，提出策略，寻求支持，公司层面讨论策略，调配资源，做出决策。

- **收集会议材料，确保材料质量**：高质量的会议材料是召开高效率的经营分析会的前提。主责部门需要提前收集会议材料，确认其是否符合会议的目标和要求，对于质量比较低的材料，提出相关问题及改进建议后要求重新撰写，并且把材料中常见的问题在会上进行展示，促使各部门会议材料的质量不断提高。如果会议材料都能符合会议要求，这个环节可以简化或者省略。

3.4.4 经营分析会的议程及方法

议程一：对准目标谈结果

- **目标晾晒**：在每次开会时需要把公司层面的年度经营目标、关键指标、重点工作目标、月度目标回顾一遍，以此作为衡量各项工作的标准，并形成习惯，提高参会人对经营目标的重视程度。
- **差距分析**：对照年度经营目标、组织 KPI 目标、关键战役目标，梳理当前工作完成的进度和成果，哪些完成了，哪些没完成，完成的质量如何，是否达到了设定的目标和预期，差距有多少，甚至在必要的时候，对标同比数据 / 环比数据 / 竞争对手 / 行业标杆 / 客户期望（客户满意度目标）来分析差距。差距就是现实与目标的距离，比如 6 月的销售目标是 100 万元，实际完成 60 万元，40 万元就是差距。

议程二：深度挖掘找根因

- **分类展开，找到问题**：以销售目标为例，如果没有达成目标，需要按照不同维度展开分析。比如产品维度，是哪些产品没有达成目标；区域维度，是哪些区域没有达成目标；按照客户维度，有中小客户、战略客户等不同类型的客户，是哪些客户没有达成目标；还可以按照门店类型、销售团队等维度展开分析。展开的维度越多，分析的颗粒度越细，越能发现真实的问题。

- **抓典型，解剖"麻雀"**：分类展开之后就会发现，导致达不成业绩目标的根因就在于某些特定产品、特定区域、特定客户类型等。找出比较典型的产品、区域、客户进行深度的案例解剖，分析到底是什么原因导致了业绩目标未达成。当识别出典型问题的原因之后，其他产品、区域、客户的问题也可以识别和确认。

- **向内追问，寻找内因**：对问题进行分析的时候，容易出现的一个误区是向外归因，比如市场环境的原因、竞争对手的原因或者其他相关部门的原因，最后导致无法提出有效改进措施。要避免只看外部的原因，因为外部因素对所有企业都是一样的，但依然有的企业做得好，有的做得不好，因此具体原因还是在企业内部。诚然一个问题的出现可能涉及很多部门，但如果每个部门都"甩锅"给外部或者其他部门，可能会导致无法从本部门提出有效改进意见。只有每个部门都寻找内因，才有助于解决问题。寻找根因应该从多个维度去思考，根因需要具体、清晰。

{ **场景案例** }

不许加班带来的影响

A工厂的人员成本超标,财务分析出来是因为加班费太高。于是厂长决定"下个月不许加班"。这一决定带来的后果就是产品不能按时完工或者产品质量下降。

厂长做出这一决定是因为没有思考为什么工人会加班,是什么地方出了问题导致加班。这就是典型的经营分析没有找到根本症结,从而导致解决方案无效甚至带来了更多问题。

- **建立制度流程、工具模板:** 找到根因之后,为了避免类似问题再次出现,需要从机制和制度流程层面进行改进,建章立制。良好的结果需要良好的过程保障,对于没有相关制度流程的要建立制度流程,对于有制度流程的要根据具体的问题场景进行优化。

议程三:寻找标杆重学习

- **最佳实践的学习和推广:** 经营分析会需要找到内外部标杆,让团队内部快速学习和复制最佳实践,提升组织能力和团队绩效。减少低价值的信息通报类内容,增加高价值的最佳实践学习内容。
- **内部最佳实践:** 在分类展开的过程中,除了找到业绩差距较大的产品、区域、客户类型,也要找到业绩突出的产品、区域、客户类型，分享好的做法，并提炼出标准的"打法"给其他团队进行复制和推广。
- **外部最佳实践：** 特别是同行业的最佳实践，因为在同样的行业、区域，面对同样的客户和外部环境，大家会遇到同样的问题。那些业绩优秀的同行用了哪些方法和策略，有什么可以借鉴之处，需要关注、跟踪和研究。他山之石，可以攻玉。

议程四：识别变化做预测

- **预测的必要性和意义：** 经营分析会一个重要的功能是围绕年度目标做滚动预测，年初的预测随着外部形势的变化、经营的开展、产品的上市、竞争的推进、客户需求的变化等会发生很大的变化，因此需要做滚动预测。
- **预测需要识别变化：** 有两种变化，一种是不利的变化，之前做预测的一些条件不存在了，对于达成销售目标有严重影响；另一种是有利的变化，在过程中会出现一些之前没有的机会点，比如新产品的开发机会、新消费人群的销售机会、新区域的拓展机会等。
- **阶段性目标的优化和调整：** 识别出这些变化之后，需要对之前的预测做调整、修正和优化。对阶段性目标进行调整，并对达成目标的资源配置、实现策略做调整。
- **避免缺乏分析的预测：** 避免在没有对经营情况、出现的机会进行研究和识别的前提下就做预测。要么是把全年的目标缺口除以剩下的月份作为每月的目标，导致每个月目标都一样；要么在去年经营结果的基础上增加或者减少一些作为预测目标，这些都是思想懒惰的行为，起不到预测的作用。

- **预测的目标需要有严肃性**：不能喊口号，也不能为了承接管理者的高目标而不切实际，需要识别出相应的机会支撑；也不能太保守，要勇于挑战更难的目标，塑造打胜仗的公司文化。
- **通过调整预测模型提高预测能力**：每次经营分析会要对预测模型进行优化，提高预测能力。分析上一次预测的结果为什么没有实现或者差距过大，原因是什么，这次是不是可以做调整和优化，长此以往就能优化预测模型，提高预测能力。

议程五：有效决策强落地

- **对于达成经营目标提出策略和行动**：经过会议的差距分析、根因分析、标杆学习、预测调整，对于解决问题的措施、达成目标的策略和行动需要做出决策。决策由问题的主责部门提出，一旦通过，就要实施。
- **资源的动态配置**：为了达成年度经营目标，需要抓住新出现的市场机会，对目标和计划进行调整，进行跨部门协同和资源调配，调整考核目标、激励措施。
- **决策的事项需要可执行落地**：决策内容应当包括工作事项、执行人（主责部门/主责人，配合支持部门/支持人）、完成时间、交付标准、交付成果、需要的资源支持（人、财、物），并且主责部门需要在会上与配合支持部门达成一致，避免会后扯皮、推诿，从而导致执行不力。
- **部分事项可专题讨论：** 对于有些现场讨论没有结论但又比较重要的内容，可以将其作为专题安排后续研究和讨论，指定相关部门和人员进行研究，确定下次讨论的时间和形式（点对点沟通、专题会、经营分析会讨论还是专题报告呈阅等）。

3.4.5 经营分析会常见问题及策略

- **财务分析报告缺乏业务视角**。

财务分析报告应该成为经营分析的"仪表盘"，发现业务的痛点和问题，但是很多财务分析仅仅是财务视角。财务部门要抓住关键数据，如收入、利润、人效、应收账期等，找到未完成目标的真正原因，找到数据背后的业务驱动因素，而不只是晾晒数据。财务部门还可以向会议组织部门提出要求，需要相关部门就核心问题进行汇报。

- **不是每个部门都要汇报工作**。

尽量避免每个部门都排排坐轮流汇报，如果哪个部门工作正常开展，能完成计划，就不需要汇报，仅仅写一下工作进展，把会议材料发给参会人通报情况即可。需要汇报的是对于经营目标达成有风险和问题的部门，有痛点、难点的部门，或者有好的经验可以复制推广的部门。

- **讨论经营主题还是重点工作。**

首先应该保证经营目标的达成,即讨论与销售、市场和产品密切相关的议题,找到问题,找到机会,确定策略,动态配置资源。如果除此之外还有时间,可以讨论年度重点工作,因为重点工作往往都是跨部门的或者与很多部门有关,需要集中讨论。有些公司会就重点工作召开专题讨论或者阶段性节点会议,这种情况不用占用经营分析会的时间。

- **应该多长时间开一次经营分析会。**

开会频率和本行业的经营周期相关,对于市场变化比较快,需要及时做出应对和决策的行业可以每周召开,或者每半个月召开,有些特殊行业也可以每个季度召开,月度召开则最为常见。随着企业的信息化、数字化建设,经营数据可以每天或每周得到汇总和呈现,有些经营过程中的问题也可以得到及时的反馈、决策和解决。这样可以减少月度经营分析会的议程和内容,让月度经营分析会更加聚焦于一些平时解决不了的、涉及面比较广的、需要多部门协调沟通的问题和决策事项。

〔**场景案例**〕

缺乏充分调研的经营分析会

B公司近几个月销售额连续下滑,通过经营分析会得出的结论是产品质量出现问题,如不及时解决,短则影响客户满意度和销售额,长则影响声誉和品牌。

在经营分析会上,管理层通过讨论,得出的解决方案是请一家做质量管理的咨询公司协助他们做出系统的质量提升方案并辅助实施。但是会后发现,请这一家咨询公司需要 200 万元,对该公司来说,这笔花费相当于 2 个月的营收业绩。

之所以造成这样的局面,是因为做出经营分析解决方案的过程中没有进行清晰的调查,解决方案需要的资源超出了自己的承受能力。

3.5 如何开好战略研讨会

战略决定公司的发展方向、业务模式、客户选择和产品开发方向,是一家公司最重要的事情。当公司处在创业期时,公司的战略由创始人和核心管理层讨论就可以确定;当公司发展到一定的规模之后,就不能再由几个核心人员"拍板"定战略了,而是需要经营团队一起参与到战略的研讨中。战略研讨会既可以集思广益,群策群力,避免战略制定的盲点,从而做出最优的战略决策,也可以调动经营团队的积极性。

只有大家参与制定的战略才能激发团队的能动性,并让团队充分理解战略制定的背景、思路和重点,将这种理解和共识贯彻到战略的分解、落地和执行中,以实现战略制定和落地的有效承接。越来越多的公司通过战略研讨会(有的公司也称战略务虚会、战略共创会、战略规划会、战略解码会等）的形式来讨论、制定、优化调整公司的战略。

3.5.1　战略研讨会的价值和目的

- **进行战略反思和复盘**：战略的目标和愿景是找到一条通往未来的路径，而战略的起点则是当下。很多企业的战略规划之所以高高在上、落不了地，很大一部分原因是忽视了当下的处境。想要做出一个质量更高的战略规划，最有效的方法是总结和复盘往年制定的战略规划的有效性。之前制定的战略规划存在哪些问题？有没有找到方向和机会点？目标是不是定得太高而不切实际？战略落地和执行方面存在哪些问题？重点工作是否很好地得到了推进？组织流程能否支撑战略落地？干部和人才是否配置得当？高质量的战略复盘能够为新的战略规划提供有价值的信息输入。
- **共识发展方向和机会**：外部经营环境在持续地变化，客户需求也会变化和升级，新的竞争者进入行业，新的技术和产品不断涌现，新的模式和玩法层出不穷。这就需要企业持续地思考未来的发展方向，抓住新出现的机会。对处在快速增长期的企业来说，新出现的机会比较多，需要警惕"机会的陷阱"，避免因想要抓住所有的机会从而平均用力。企业需要通过研讨进行取舍，选择最有价值的机会点。对处在成熟期的企业来说，需要寻找第二增长曲线，找到新的增长点。对中小企业来说，更多是识别新产品开发的机会，不断研发出能够满足客户需求的新产品。

- **讨论重大的战略议题：** 企业在不同的发展阶段都会面临影响发展的重要问题，如是否进入一个新的市场？是否选择一个新的技术路线并提前进行研发？如何开发出"重量级"的产品以占领市场？如何应对某个强劲对手的竞争？如何进行数字化转型？是否需要进行组织的优化和调整？针对核心人才短缺是否有更好的解决方案？大型企业和集团型企业需要考虑如何进行产业生态布局，如何出海及应对国际化过程中的问题，如何应对贸易摩擦带来的风险。总之，要对当下影响企业发展的重大问题进行研讨，提出解决方案和应对之道。

- **明确当前重点工作：** 任何战略规划都需要通过经营才能落地，战略保证未来能持续赚钱，而经营则保证现在能够赚到钱。所以战略研讨会需要找到战略落地的抓手，确定当前工作的重点。对成熟型企业来说，重点工作可能是未来1～3年，甚至3～5年需要持续进行的工作，比如"开辟海外第二市场""研发出行业领先的下一代产品"；对中小企业来说，重点工作可能是未来1～2年需要聚焦的工作。总之需要根据不同工作的时间周期，把战略规划中的重点工作分解到当年，形成当年的重点工作。

3.5.2 如何准备战略研讨会

- **调研访谈**。

战略研讨会需要群策群力，讨论影响公司战略发展的重要议题。对于研讨会的目标、重点、议题的设置，需要征求公司管理层的意见，以此作为研讨会策划的基础。

✓ 访谈人员

- ❖ 如果是小公司，主要访谈公司管理层；如果是中大型公司，除了访谈管理层，还可以访谈部门负责人、核心研发人员、核心销售人员等。
- ❖ 除了公司内部人员，还可以访谈外部人员，如客户代表、供应商代表、咨询顾问、专家学者等，以获取他们对于公司产品的反馈和建议、对于行业发展和宏观趋势的判断。

✓ 访谈问题

针对不同的人员可以设置不同的问题，主要涉及以下方面。

- ❖ 外部环境变化：行业、客户、竞争发生了哪些变化，对我们有什么影响？
- ❖ 内部组织能力：公司内部从管理到运营存在哪些不足和短板？哪些能力不足最大限度地制约了公司的发展？

- ❖ 战略顶层思考：对于公司的战略方向、战略重点、战略表述等是否有新的思考？
- ❖ 重要战略议题：影响公司发展的重要问题是什么？管理层对哪些方面还存在争议？
- ❖ 战略重点工作：未来 3～5 年和近 1～2 年公司应该分别聚焦于哪些重点工作？
- ❖ 会议召开建议：对会议的目标、主题、基调、重点、议题设置、召开形式有什么建议？

√ 访谈方式

- ❖ 一对一访谈：对于公司创始人、高管、外部专家，可以采取一对一访谈。
- ❖ 一对多访谈：对于客户、供应商、核心业务人员，可以采取一对多访谈。
- ❖ 调研问卷：如果想扩大调研范围，也可以通过调研问卷的形式征求管理层和员工对战略核心问题和研讨会的建议。

- 议题策划。

战略研讨会可以讨论的问题范围比较广，凡是对公司发展较为重要和关键的议题，如阻碍当前公司发展的痛点、难点问题等，都可以讨论，但同时会议的时间相对有限，所以要认真策划会议的议题。很多公司的战略研讨会之所以不成功，是因为没有找到当前对公司至关重要的议题。通常来说战略研讨会涉及以下两类议题。

√ 常规议题

常规议题主要围绕战略规划的主要内容和逻辑展开，包含以下方面。

- ❖ 战略总结和复盘。
- ❖ 外部环境扫描和机会洞察。
- ❖ 内部资源、能力、优劣势分析。
- ❖ 战略定位、战略表述优化和达成共识。
- ❖ 业务模式优化和创新。
- ❖ 未来 1～3 年、3～5 年重点工作。
- ❖ 变革规划、思路和重点工作。
- ❖ 组织优化、干部人才建设。
- ……

常规议题是围绕制定公司战略规划而展开的。不同公司情况不同，可以根据当前战略工作的重点选择某些议题。如果之前做过战略总结和复盘，并对当前公司面临的问题达成了共识，在战略研讨会中就不需要战略总结和复盘的环节；如果行业环境、市场环境变化不大，外部环境扫描和机会洞察的环节也可以简化。而战略定位和表述（如愿景、使命、中长期目标）不需要每年都讨论和更新。常规议题的设置切忌面面俱到、平均用力，要根据当前公司战略工作的核心问题展开。（A 企业战略研讨会会议议程如表 3-1 所示）

表 3-1　A 企业战略研讨会会议程

日期	时间	主题	环节设置	输入材料	输出材料	主持人/汇报人	时长
第一天	9:00~9:20	开场	主持人开场	讲稿/材料	—	主持人	10分钟
			高管讲话	讲稿/材料	—	总裁	10分钟
	9:30~12:00	差距分析及复盘总结	战略健康度审视、差距分析	2023年战略健康度及业务审视	—	财经部门	30分钟
			发布高管看到的差距	2023年战略复盘、差距分析	—	财经部门	30分钟
			小组研讨，回答问题：我们当下面临的主要问题有哪些？对差距及问题做梳理排序	高管六问差距总结	战略规划要回答的关键问题	战略部门	30分钟
			结果发布：战略规划要回答的关键问题	—	—	主持人	30分钟
	14:00~17:00	市场洞察到的战略机会讨论	1+3（1个营销中心+3条产品线）市场洞察	1+3市场洞察材料	—	产品/运营总监	60分钟
			发布高管看到的机会	高管六问机会总结	—	战略部门	30分钟
			小组研讨，回答问题：1.当下要抓住哪些机会？对机会进行排序；2.战略规划的核心主题是什么？	—	战略规划核心主题	主持人	60分钟
			结果发布：机会共识	—	—	主持人	30分钟

	议题	内容	输出		主讲	时长
第二天						
18:00~21:00	战略意图图及五维度目标讨论	专家引导：战略意图图及五维度目标（财务、产品、客户、区域、运营）研讨指引	专家介绍	战略五维度目标	主持人	60分钟
		小组研讨回答：明确战略意图图，如何量化成为五维度目标	五维度目标模板		主持人	60分钟
		结果发布：确定战略意图表述、五维度目标表述	—		主持人	60分钟
9:00~10:00	战略机会及意图共识	主持人开场	—	战略共识	主持人	10分钟
		专家基于第一天的研讨提出建议	—		专家	20分钟
		回顾第一天得出的战略机会及五维度目标	前一天材料整理		主持人	30分钟
10:15~12:30	不确定性问题及风险讨论	差距分析中关键问题回顾	—	战略专题清单	战略部门	15分钟
		高管看到的风险与威胁	高管六项风险总结		战略部门	15分钟
		专家引导：风险研讨指引	—		专家	15分钟
		小组研讨，回答问题：1.仍有哪些隐藏风险？2.以上风险问题如何排序？3.针对排序前十的风险给出针对性举措	会议纪要		主持人	60分钟
		结果发布：战略专题清单（负责人、时间进度）	战略专题清单初稿/模板		主持人	30分钟

（续）

日期	时间	主题	环节设置	输入材料	输出材料	主持/汇报人	时长
第二天	14:00~15:30	为实现战略意图的组织能力建设讨论	小组研讨，回答问题：为支撑以上战略意图，要在哪些组织能力上进行构建	组织能力维度模板	组织能力目标	主持人	60分钟
			结果发布：组织能力建设目标及排序	—		主持人	30分钟
	15:30~16:30	总结及发布	战略指引发布	现场整理	—	战略部门	20分钟
			专家总结本次会议发现及做下一步方向指导	—	—	专家	20分钟
			高管总结	—	—	董事长	20分钟

✓ 专题讨论

除了常规议题，战略研讨会还需要对影响公司发展的重要专题进行研讨，专题主要涵盖产品、技术、营销、运营、数字化等各个方面。

- ❖ 是否进入一个新的业务领域？
- ❖ 公司的第二曲线是什么？
- ❖ 如何应对最强劲的竞争对手的竞争？
- ❖ 为了应对下一周期的竞争，公司应该开发什么产品？
- ❖ 布局下一代技术的可行性研究。
- ❖ 如何开辟新的有潜力的市场？
- ❖ 如何构建行业生态？
- ❖ 如何进行数字化转型？
- ……

发展阶段不同、规模不同的企业，战略研讨会的重心和基调也应该不同，需要根据当前阶段的战略重心选取合适的专题。

- ❖ 对于创业期的企业，战略重心更多是发现客户需求，开发出更好的产品，快速试错，验证商业模式。
- ❖ 对于扩展期的企业，战略重心更多是开拓更多有价值的市场，形成标准化的可复制模式。
- ❖ 对于成熟期的企业，战略重心更多是考虑如何寻找第二增长曲线，降本增效，提升组织活力。
- ❖ 对于大型企业和集团型企业，战略重心更多是考虑如何进行业务整合，构建行业生态，打造平台型组织。

专题的设置可以参考以下范围。

- ❖ 有关未来企业发展方向的问题。
- ❖ 当前影响企业的最重要的问题。
- ❖ 各个业务板块和职能部门都会涉及的问题。
- ❖ 影响企业未来3～5年甚至更长时间的问题。
- ❖ 企业内部有重大争议的话题。

……

即使战略研讨会中也有专题讨论，但是要避免把专题讨论变成专题讨论会。战略研讨会确定某项工作要不要做，即做的方向、原则、思路和重点，而具体如何做是在以后的专题讨论会中明确的（B企业战略研讨会会议议程如表3-2所示）。

- 议程设置。

战略研讨会通常会举行1～2天，根据议题分为不同的讨论模块。十几个人以上的战略研讨会通常会采取分组讨论的形式，分组讨论后每组发表核心观点和讨论成果，最终就核心观点达成共识。每个议题模块少则需要讨论1～2个小时，多则需要讨论2～3个小时。2天的会议通常可以讨论5～8个议题。

议题讨论有两种方式：一种是在讨论前安排专人发言，提供更多信息和观点，启发大家思考，这种方式一般会邀请

表 3-2　B 企业战略研讨会议议程

日期	时段	调研诊断问题	主题	研讨环节—战略解码共识问题设置建议
第一天	上午	01 业务战略——B 企业的行业地位和定位（自身的标签）、行业选择（包括可能的客户选择）、业务模式（标准化产品 vs 定制化产品）、战略路径、"成名之战"	方向大致正确——看到未来、提升信心，凝聚共识（未来我们要干一件什么事？）	问题 1：我们想成为一家什么样的企业 问题 2：面对 3~5 个行业的客户，我们聚焦哪个？重点选择哪些客户 问题 3：B 企业未来业务模式"三驾马车"研讨 问题 4：我们的战略路径是什么？每个阶段的里程碑是什么 问题 5：奠定行业地位的"成名之战"是什么
第一天	下午	02 组织阵型——从产品线制向项目制转变，围绕产品打造、共同确定新的部门名称、部门定位、部门职责	组织充满活力——组织优化、精兵强将、装备齐发（如何打造一支"猎豹突击队"？）	问题 1：我们现有的组织模式和项目运作存在哪些问题 问题 2：我们可以采取哪些可能的组织模式？各种模式的优缺点是什么？我们选择哪种 问题 3：新的组织、部门定位及部门职责

（续）

日期	时段	调研诊断问题	主题	研讨环节—战略解码共识问题设置建议
第一天	晚上	03产品体系——面对现有的十几个产品，如何定位、优化、取舍，形成最优的产品体系，如何制定2024年的经营目标	打造产品竞争力——产品是战略，营销是战术（如何打造B企业的"产品金字塔"？）	问题1：现有的产品市场表现如何？定位及策略（加大开发、优化、保留目优化、砍掉）是什么 问题2：从客户、竞争对手那里，可以得到哪些新产品开发的建议 问题3：产品体系如何构建？哪些是"核武器产品"？哪些是"引流产品"？产品之间如何协同配合 问题4：2024年各产品（老产品+新产品）收入目标是多少，卖给哪些客户（老客户+新客户）
第二天	上午	04营销战略——B企业的品牌定位、行业影响力构建策略、营销推广方式（线上vs线下）、推广主阵地、营销和销售的组织能力构建	营销战略——如何提高B企业的"营销生产力"？（如何打造B企业的行业专家的品牌？）	问题1：配合业务定位和业务战略，B企业的品牌形象定位是怎样的 问题2：如何构建在目标客户心中的影响力？如何进行品牌形象推广？线上vs线下？推广的主阵地是哪里 问题3：品牌推广的策略是什么？1年内、2年内、3年内的市场推广目标是什么 问题4：如何构建组织化的营销和销售机制？公司统一还是各产品部门负责？内部如何分工与协同

第 3 章 如何开好常见的会议 177

05 人才战略——B企业咨询业务所需要的人才稳定、持续的来源在哪里？人才画像是否明确？现有的人才定位是什么？人才培养方法是什么	人才战略——人才决定B企业发展的天花板（如何让B企业"兵强马壮"？）	问题1：符合B企业业务战略的人才画像是什么样的？有哪些稳定的、持续的人才来源
		问题2：目前招聘人才的核心障碍是什么？如何突破？如何提高对人才的吸引力
		问题3：B企业的人才模型是什么？"专业力+商业力"具体有什么要求
		问题4：如何激发员工的创业和工作激情？（文化、激励、团队、学习成长等）
06 知识战略——知识管理重要不紧急，需要找到策略路径，保持合理预期	知识战略——知识库决定B企业能走多远（如何打造B企业的"知识银行"？）	问题1：如何把历史项目和已交付项目的知识、成果、方法论沉淀到企业平台？有哪些
		问题2：如何对新交付项目进行知识管理？如何把项目的知识、成果、方法沉淀到企业平台
		问题3：内部知识信息平台如何运作和优化？知识管理的组织化运作机制是什么？专职人员和其他人员的职责分工是什么
		问题4：知识管理如何与项目开展、人才培养、产品研发结合在一起

下午

外部专家或者公司内部相关专业人员做议题分享，分享结束之后参会人再进行讨论。另一种是直接讨论，针对议题列出几个核心问题，由主持人做简单引导和介绍后参会人发言讨论。

采取分组研讨的方式时，最多不要超过 4 个组，各组讨论的时间不要超过 1 个小时，后面各组发表分享和得出结论环节也还需要 1 个小时。人数较多的研讨会每个议题不要超过 3 个小时，人数较少的研讨会可以控制在 2 个小时。

对于小型团队，如创业公司、某个产品开发团队、小型公司的高层团队等，如果不超过 10 个人的战略研讨会，可以不用分组，大家充分讨论后得出结论，达成共识。每个议题控制在 1～2 个小时，会议时间可以控制在 1 天之内。

- **邀请参会人**。

    √ **邀请多元化背景的人员参会**：战略研讨会的参会人需要多元化，但也不是把所有的部门和人员都邀请到场，而是邀请那些与讨论的议题相关的人员。参会人需要有来自产品、营销、客户、供应链等业务部门的代表，也需要职能部门，如财经、人力、数字化等的代表。除了高层管理人员，也适当地邀请有代表性的中层人员参加。除了公司内部员工，也可以邀请少量的外部专家、合作伙伴、客户参加。参会人越多元化，对于某些关键问题、难点问题提供的信息和建议越多，越有利于问题解决。如果要讨论客户需求有哪些变化，客户代表和销售人员的意见就会显得很重要；如果要讨论未来 3～5 年技术变化如何影响新一代产品开发，则技术专家和产品经理需要参会。

- √ **并非所有人都需要现场全程参加**：如果只是提供信息和观点建议，可以不用参与讨论，而是将核心观点体现在会议材料中，打印、用电脑投屏或者录成视频展示出来。如果请外部专家分享对行业未来发展的观点和看法，可以请专家参加部分环节或者线上参加。现场的人也不一定要全程参加，根据议程需要发表意见和参与讨论即可。这样既可以保证相关人员充分地贡献信息和智慧，也可以让参会人有种紧迫感和仪式感，从而让他们全心投入，避免"陪会"现象。会议组织者需要像导演节目一样精心策划，安排好每个人的出场顺序、发言要旨及会议规则。

- √ **考虑不同参会人之间的关系**：对于超过 20 个人的战略研讨会，为了保证讨论效率和产出成果，人员的分组方式需要设计。各组成员之间不能太陌生，否则交流破冰、产生信任需要花费一定的时间；也不能太熟悉，否则大家对彼此的观点很了解，很难产生新的观点。同时也要避免同一部门不同级别的人员在一组，这样会影响低级别人员的发言积极性。同一组人员应该尽可能地多元化，来自业务、职能等各个部门。对于同一组人员相对陌生的，也可以安排 1～2 位对大家都比较熟悉的人员，起到连接和沟通作用。

3.5.3 如何召开战略研讨会

● **提前通知，充分准备**。

战略研讨会需要提前 1～2 个月筹备。会议主题和议程确定了之后，需要提前 2～3 周发给参会人，所有参会人都要做准备工作。

✓ 部分议题前置讨论：由于战略研讨会只能讨论 5～8 个议题，有些议题在会上没有时间充分讨论，需要提前讨论，比如对过去一年乃至三年的战略研究、战略规划、战略落地及重点工作推进进行总结复盘，提出今年战略工作的改进点和重点。对于外部环境分析的部分，如对宏观环境、行业趋势、客户需求、竞争态势等的扫描和审视，也可以提前进行研究讨论，在会上只展示核心结论并讨论要解决的问题。

✓ 每个议题设置负责人：即使战略研讨会有战略部门或管理部门人员负责组织，但是对于具体的议题，相关部门的人员更为专业，比如对产品和技术、市场拓展、干部团队建设等议题，产品部门、市场部门、人力部门更专业。可以由这些部门作为议题模块负责人，与研讨会组织部门（如战略部）一同讨论本模块的目标、问题设置、讨论方式、引导材料。由各个部门负责本议题模块具体的产出和结果。

✓ 引导材料的准备和问题的设置：每个议题需要有分享引导材料和问题讨论提示，这需要相关人员提前准备。材料要简洁、新颖、观点突出、充满启发，避免陷入专业细节，要让参会人在短时间内快速理解并产生思考。会议组织部门和议题负责人要和分享人及时沟通并提出建议，确保此材料符合会议的要求。对于每个议题讨论问题的设置，也需要策划。每个议题可以设置 3～5 个大问题，每个大问题下面可以设置若干小的提示问题以启发思考、引导讨论。

- ✓ **参会人的准备**：每个参会人收到会议通知后，需要对相关议题进行思考：这个议题目前存在哪些问题，最重要的问题是什么，对这个问题我有什么想法、建议和解决方案。不用做过多的准备和研究，可以把自己平时对于这些问题的思考记录下来，以备在会上发言。如果对于议题和问题的设置有更好的建议，也可以反馈给会议组织部门，组织部门根据反馈建议对议题及问题进行优化调整。

- **有效引导，积极发言**。

  - ✓ **主持人有效引导**：战略研讨会的主议程环节和各个小组的讨论都需要设置主持人，小组讨论的主持人一般为组长，主持人需要对议题有很好的理解，对参会人也要有所了解，只有这样才能调动讨论的氛围。本书关于如何做好会议主持的方法适用于战略研讨会的讨论主持。如果每个议题讨论时间充足，头脑风暴会的方法也可以应用到各个议题讨论中。

  - ✓ **参会人积极发言**：参与战略研讨会的人员是公司的管理层和核心人员，分组的目的也是让每个人都能够充分发表意见。除了之前准备的观点，研讨会上新的思考、新的启发都可以发表。发言须简洁明了，切忌长篇大论。如果别人表达过类似观点，表示支持并说明自己新的意见。如果反对某个观点，也要说明理由。发言需要紧扣主题，避免谈论无关的内容。

✓ **记录人员做好记录**：每个小组和主场都需要设置会议记录人员，记录各组人员的发言和小组的总结。会议最终产出的是会议结论，但是过程讨论同样有价值，会议记录也可以辅助主持人和最后发言代表进行总结提炼，会后作为会议过程资料进行存档。

- **求同存异，达成共识。**

战略研讨会上的议题根据讨论的进展，可以分为以下几种情况。

✓ **达成共识的议题**：关于公司未来的发展方向、技术路线、市场选择等重大问题，经过参会人的研讨，意见比较一致，主持人引导大家达成共识，得出结论。

✓ **有分歧但需要决策的议题**：对于参会人有分歧，而且已经有充分研究和输入信息的议题，进一步研究论证也没有太多的价值，且延迟决策可能会影响工作开展，这个时候就需要立即做出决策。一般有两种方式，参会人集体投票决策和高层领导小范围决策。比如对于关键任务的选择，如果提出10个备选的关键任务，要从里面选择 5 个，这种议题可以选择集体投票的方式。而对于技术路线、新产品开发的选择，如果讨论后仍有意见分歧，由公司高层领导和技术、产品负责人小范围决策即可，同时向参会人说明决策的理由。

- ✓ **有分歧需要进一步研究的议题**：有些议题，比如第二曲线选择、重大风险事项预案，如果是当场不能达成共识，甚至有重大分歧，而且不一定需要当下做出决策，通过进一步的研究讨论也许会有更多的信息输入和参考的，则可以列入"战略专题研究"，安排专人进行研究，在项目推进的节点进行汇报后再做决策。
- ✓ **其他与议题不相关但有价值的建议**：由会议组织部门对其进行梳理、总结，并反馈给相关部门。

3.5.4 会后应该做什么工作

- **根据会议结论，完善战略规划。**
  - ✓ 对于中小企业或者没有专门的战略管理部门的企业，战略研讨会的核心结论可以作为战略规划的主要基础内容。由会议组织部门对会议结论进行梳理和总结，以结构化的方式呈现出来，经过高层会议审批通过，即可形成战略规划报告。
  - ✓ 对于大型企业或者有战略管理部门的企业，战略部门本来就承担着撰写战略规划报告的职责。战略部门可以把战略研讨会作为一个重要的抓手，从撰写一份高质量的战略规划报告的角度去思考，有哪些核心议题和重要结论需要在战略研讨会上达成共识。带着这样的思考去准备和策划战略研讨会，可以让会议更加聚焦核心问题，更加富有成效，便于会后根据会议的结论进一步完善战略规划报告。战略部门要对会议中的遗留问题如战略专题进行研究，或者安排相关部门进行研究，跟进并管理战略专题的研究进展和成果，把核心结论纳入战略规划。

- **根据战略规划，部署落地工作。**

战略研讨会讨论的问题偏方向性、策略性、指导性，对企业后续的工作有指导和输入，但是有时候不够具体和落地，需要在会后对会议达成的共识和决策形成可执行的方案。

由于不同企业的发展阶段和规模不同，战略研讨会达成的目的、讨论的内容、输出的成果都会有差异。对于创业企业和中小企业，战略研讨会可能覆盖战略规划、战略解码、第二年年度计划，这种战略研讨会的重点聚焦在第二年工作怎么开展。

对于大型企业、集团型企业，战略规划、战略管理作为一项常规的职能，战略相关工作的流程会比较完善，战略类的会议分为很多场，如战略务虚会、战略研讨会、战略规划评审会、战略解码会，每场会议重点讨论某一类特定问题。

- **进行会议复盘，总结沉淀经验。**

战略研讨会作为企业层面非常重要的会议，需要认真准备和策划。但也正因为它很重要，大家的期望比较高，希望通过它解决很多企业战略层面非常关切的问题，它反而不容易开好。

战略研讨会最容易出现的问题如下。

- √ 没有有效挖掘管理层对企业战略的理解，缺乏高价值的战略观点。
- √ 讨论问题面面俱到，平均用力，找不到当前最重要的战略议题。
- √ 企业战略目标太过宏大，不够务实，缺乏机会点支撑和落地可操作性。
- √ 管理层对当前市场的变化、遇到的挑战不敏感，危机意识不足，缺乏战略突破的意识和思路。

所以每次会议结束之后，都需要对本次会议进行复盘，从会议的组织、主题的设置、邀请的人员、会议的引导等角度出发，总结本次会议成功的经验、不足及改进意见。除了会议组织部门进行复盘，也可以对参会人进行调研回访，在会议结束的时候发放问卷，请他们提出对会议问题的改进建议，总结形成改进要点，在下一次组织和策划会议的时候持续迭代。

在介绍完经营管理中常见的各种会议的召开方法之后，为了让读者对这几种类型的会议有更直观的认识和比较，迅速掌握它们的核心要点，本章最后梳理了一份常见会议的要点对比，供读者学习参考（见表3-3）。

表 3-3 常见会议开会要点对比

	绩效沟通会	部门周例会	头脑风暴会	经营分析会	战略研讨会
会议人数	2人	5~10人	5~10人	15~25人	20人以上
会议时长	1小时	30分钟~1小时	1~2小时	3~6小时	1~2天
会议层级	部门级	部门级	部门级/跨部门级	公司级	公司级
会议频次	季度/半年度/年度	每周一次	根据需要召开	月度	半年度/年度
会议目标	1. 对员工当期绩效进行评定，让员工客观地评价自己 2. 就未来工作目标和个人能力提升重点达成共识	1. 对部门各项工作进度进行跟踪，识别问题、难点、风险，并提出解决方案 2. 对后续工作进行部署和安排，协调部门人员和资源完成目标	1. 为经营管理中的某个问题提出更好的解决方案 2. 适用场景比较广泛，如新品开发、营销策略、客户服务举措创新、流程优化、组织优化、战略研讨等	1. 识别经营中的问题，提出解决方案 2. 发现经营中的市场机会，提出应对策略，通过抓住机会达成经营目标	1. 进行战略反思和复盘 2. 共识发展方向和机会 3. 讨论重大的战略议题 4. 明确当前的重点工作
会议常见问题	1. 会议走过场，仅是绩效结果通知，无法帮助员工提升 2. 管理者缺乏沟通技巧，可能会与员工产生语言冲突	1. 工作进度汇报和专题讨论边界不清，周例会和日常工作讨论边界不清 2. 会议议题、时长、频率固定，长此以往缺乏迭代和改进，效率低下	1. 对所讨论的问题定义不清楚，问题大或者大小 2. 缺乏准备，直接开会 3. 太过自由，随意发散，从而得不出有效的解决方案	1. 仅是日常工作汇报和基础工作重点和关键抓不住 2. 业务和财务两张皮，财务缺乏业务视角，业务缺乏财务分析 3. 不够面向未来，面向机会，面向外部，面向一线，面向营收目标达成	1. 想要解决的问题比较多，但每个问题都谈不透，最后都没解决 2. 对外部变化不敏感，未能识别行业变化带来的机会和风险 3. 战略和落地两张皮，战略规划无法有效落地

	会议准备要点	会议召开要点
	1. 收集员工的表现、工作成果和其他人的评价，对员工做出客观的评价 2. 分析员工的优势、劣势，对其工作成果做出合理的安排，提出员工能力提升的方向和方法	1. 创造轻松、开放、平等的会议氛围 2. 基于工作表现做出绩效评判，目的在于帮助员工提升能力 3. 管理者和员工结果较大时，掌握必要的沟通技巧，避免产生直接冲突
	1. 部门人员对负责工作进行简单总结，以周报形式呈现，突出问题、难点和风险，寻求支持 2. 准备相关工作成果资料，以备在周会讨论时进行参考	1. 工作汇报重点讨论问题和难点，通过集思广益给出解决方案 2. 要敢于暴露问题，塑造暴露问题的文化氛围 3. 对于超出能力和资源范围的工作，要敢于提出需求和争取支持
	1. 会议组织方需准备与会议议题相关的材料，提前发给参会人 2. 参会人阅读材料，提出自己的想法和建议供会上讨论	1. 在"发散"阶段，让参会人充分发言，不要进行评判，建议越多越好 2. 在"收敛"阶段，对不同方案进行比较，并细化补充，最终选择最优方案
	1. 由主责部门负责统一经营分析的框架和语言，议程和模板 2. 各个经营层级、各个部门先开内部经营会议，筛选问题后再开公司经营分析会 3. 准备高质量的经营分析材料	1. 对准目标谈结果 2. 深度挖掘找根因 3. 寻找标杆学习 4. 识别变化做预测 5. 有效决策强落地
	1. 进行内部访谈和外部研究，明确战略研讨会讨论的核心议题 2. 对议题进行策划，确保议题讨论当前最重要的战略议题 3. 邀请多元化背景的人员参会，考虑不同参会人之间的关系	1. 部分议题前置讨论，为每个议题设置负责人 2. 主持人有效引导，参会人积极发言 3. 求同存异，致力于对关键问题达成共识

CHAPTER 4
第 4 章
智能化时代如何高效开会

4.1 传统会议低效的 4 大原因

- **缺乏高质量的会议材料**：很多公司的开会材料是 PPT，PPT 能够很好地展示数据、图形、案例，也会让方案显得"结构化"，但"结构化"容易掩盖方案背后思考的逻辑。很多公司开会的材料动辄几十页 PPT，但是参会人关注的问题和会议需要讨论的要点并不清楚，同时缺乏高质量的提议和解决方案，从而导致会议传递信息的质量和效率大大降低。
- **汇报时间长**：对于专题讨论会和其他要汇报方案的会议，汇报时间占到了开会时间的 50%，过长的汇报时间影响了会议讨论的时间。特别是当有的汇报人对会议的重点、参会人的需求和会议要讨论的要点不够清晰的时候，汇报容易变成自说自话，浪费参会人时间。

- **发言的质量和时间不可控**：由于每个人的背景不同，掌握的知识和信息不同，对同一问题的看法不同，语言表达能力不同，会议的讨论过程会变得不可控，需要有经验的主持人控制会议进度。传统会议由于参会人的性格、职位和公司文化不同，想发言的参会人由于某些原因不愿意发言，有可能错失一些较好的建议。而且超过10个人参加的传统会议很难保证每个人都有效发言，参会人员越多，讨论的效果越差。

- **会议成果缺乏管理**：每个公司每天会开大大大小的各种会议，从部门会议到跨部门会议，到公司级会议，有些会议的内容和议题会存在一定的交叉和重叠。每个会议都会产生会议纪要，但是这些会议纪要一般只发给参会人，其他人员则不知道去哪里获取会议内容和要点。公司的会议信息和知识资产"躺"在不同部门人员的电脑里、邮箱里，常见的情况是公司高层已经就某个问题在某个会议上讨论过了，但相关部门并不知道。

对于传统会议的种种问题，随着智能化时代的到来，在思维方式和技术上都出现了解决的思路，如亚马逊、字节跳动等企业的实践为智能化时代如何高效开会提供了解决方案。

4.2 亚马逊：从 15 分钟静默开始开会

亚马逊的会议是从开始阅读 1 页纸或 6 页纸的会议材料开始的，1 页纸的阅读时间是 5 分钟，6 页纸的阅读时间是 15 分钟，阅读的时候要保持安静，不接受任何提问，因为有的问题可能已经在材料后面解答了。参会人集中精力阅读会议材料，并记录下自己的问题和建议。

因为亚马逊的会议材料是纯粹的"干货"，挤掉了多余的水分，且是以文章的形式写成的，阅读起来不会有理解的障碍，参会人能迅速理解写作者想要传递的信息要点，所以 5 分钟或 15 分钟的阅读就相当于"无声的汇报"，每个人可以根据自己的知识背景、关注点去重点看自己想了解的内容，不用被"有声的汇报"所"绑架"，而且在这个过程中提出的针对性的问题和建议，在讨论环节就可以发表了。国内的很多互联网公司向亚马逊学习，采取了会前静默阅读的方法来开会。

4.3 字节跳动："飞阅会"是如何颠覆传统开会方法的

字节跳动在亚马逊的会议模式基础上嫁接了信息化协同办公模式，探索出了一种新的开会模式——"飞阅会"，通过在线开会软件完成，分为以下四个步骤。

- **撰写文档：** 会议汇报人把方案写成一篇 word 文档，类似于亚马逊的 1 页纸和 6 页纸，确保逻辑清晰、要点明确、论证充分，要尽量按照自己的整体理解写出来，避免复制粘贴 PPT 的内容，写成有着"PPT 灵魂"的 word 文档。

- **静默阅读：** 和亚马逊静默的 15 分钟一样，参会人各自一言不发地阅读文档材料，写下自己的问题和建议。
- **互动讨论：** 对文档中某个要点有疑问，可以对其批注，有建议也可以提出。如果需要某位参会人作答也可以"@"他，被"@"到的人需要回应，其他人可以在此基础上再提出问题和建议，类似于头脑风暴会的连锁反应。如果大家对文档中的提议没有疑问，就提议达成了一致意见（包括采纳了会议中提出的新建议），会议就可以结束了。如果还有一些未达成共识的或者书面交流难以解决的内容，可以发言讨论、沟通，直到得出会议结论。最高效的会议就是参会人阅读完一篇文档后没有任何问题和建议，会议宣告结束，会后按照文档内容及建议落地执行。
- **落实结论：** 在线会议软件可以把会议文档和讨论的内容自动生成一份结构化的会议纪要，也会保存原始的文档和讨论记录，对于需要落地执行的事项"@"相关责任人、参与人和提供支持的部门和人员，并且在工作日历中标注工作完成时间，根据工作进度适时"@"相关人进行工作提醒。会议纪要也可以上传到办公系统，根据工作的相关性和授权级别，开放给相关人员进行阅读。任何人都可以在办公系统方便快捷地搜到与想了解的主题关键词相关的会议纪要，这大大提高了公司和机构的知识管理水平和信息传递效率。

4.4 智能化时代会议模式的 3 大趋势

趋势 1：AI 技术提升会议组织与管理效率。

AI 技术的发展将极大提升会议的组织效率，很多事务性工作未来都可以交给 AI 机器人，比如某部门负责人想召集一个部门会议讨论部门年度预算，可以语音留言给智能办公助手，办公助手会自动预约会议室并在工作日历中查看参会人可用的时间，选择一个大家都可以开会的时间，并将会议通知到参会人。AI 甚至会从办公系统中找到去年的预算方案、今年的预算模板发送给相关人员。

在会议的过程中，会议软件会将发言录音并同步转换成文字，并在会议结束后选择匹配会议主题的模板，结构化和模块化地呈现会议纪要，经过会议负责人的确认和调整优化后即可发送给参会人，及相关需要知晓会议内容的人员。会后落地执行事项会列入工作进度跟踪办公软件，智能办公助手将定期提醒相关责任人，在工作成果输出关键节点提醒管理者是否需要召开会议并提前组织会议。

以上的部分功能在一些办公软件和会议软件中已经可以实现，未来各种功能会持续迭代进化。对于企业和组织，提前学习、引入和使用智能化软件，可以持续地提高会议效率。

趋势 2：线上会议取代线下会议成为常态。

疫情期间，很多企业采取线上办公的模式，线上会议迎来了大爆发。疫情之后，很多企业已经习惯于线上会议，现在线上会议取代线下会议成为会议的常态。线上会议可以打破时间、空间的限制,让会议组织者可以随时随地召开会议。线上会议不占用场地资源,也省去了参会人线下参会的往来时间。线上会议可以和线下同步进行,对于部分不能线下参会、只需要参加部分环节、仅需要旁听而不需要发言的人员,选择线上参会可以节省时间,提高效率。

同时需要警惕线上会议的"泛滥",当一件事情变得容易且低成本的时候,就容易"繁荣"起来,本书中提到的减少会议数量的策略同样适用于线上会议。不论是会议的组织者还是参会人,在发起和接到一个会议通知时,需要明确会议的目标、产出、需要的材料和信息输入,让会议可以有的放矢,会有所值。

趋势 3:异步协作和分布式工作提高会议效率。

未来人们的办公形式会更加灵活,跨国公司的员工遍布全球各地,即使中小型公司同一部门的同事也有可能不同时在一起办公,员工在不同地点、不同时间办公的情况越来越多。远程协同、异步协作、分布式工作将会成为常态。项目制工作、任务导向型工作会越来越普遍,不论是公司内外部还是部门内外部,越来越多的人会就一个特定的工作任务进行沟通、分工、协同和交付。

会议作为一种基本的工作方式,也越来越被这种异步协同的方式所影响和改造。会议越来越趋向小型化、碎片化、即时化。一个高效的会议必定是单一主题的,一次只讨论一件事、一个问题、一个方案、一个决议。而任何一个问题或方案都可以拆解为不同的环节：问题的确认、问题的分析、问题的对策，或方案的背景、方案的内容、方案的决议。不同的环节可以通过"异步"的方式去讨论，比如有了提议和方案后，可以先发给相关人员征求意见，根据大家的意见反馈决定是否召开会议，以及召开会议的方式。如果相关人员对方案没有异议，认为可行，则方案通过，不需要召开会议。如果认为方案不可行且提出修改意见，则方案提出人需要根据大家的意见完善后再征求意见。如果有两种差别很大的意见，且文字沟通很难说清楚，则有必要召开会议来讨论澄清。

按照"飞阅会"的基本思路，可以将会议的各个环节拆开，减少信息传递和方案说明的时间。提建议的时间也可以"分布式"地通过文字的方式"异步"进行。只有大家对同一问题有不同的观点和看法，需要开会讨论澄清的时候才举行会议，这样将会极大提高会议的质量和效率。

附录 1 〉〉〉〉

六顶思考帽在开会中的应用方法

1. 六顶思考帽的含义

"六顶思考帽"是英国创新思维专家爱德华·德·博诺提出来的一个思维模型,用六种颜色代表六种不同的思考模式。

白帽:表示中立客观,收集数据和事实,进行客观理性的思考。

红帽:表示惊喜、激动、生气、愤怒等情感,强调感性因素、主观感受。

黄帽:表示阳光,代表乐观、希望和积极的思考。

黑帽:表示严肃,小心翼翼,看到问题、困难和风险,聚焦合理性和可行性。

绿帽:表示创新,改变和尝试,运用发散性思维探索新的策略。

蓝帽:表示理性,对讨论的过程进行有条理的总结和控制,最终得出结论。

由于不同的人性格不同,知识和经验不同,思维方式也有差异，对同一问题会有不同的看法，总体来讲，人们所有的思考方式和维度都可以归纳为上面六种思考模式。而每一种思考模式对于理解问题、解决问题、提出策略都有价值和作用。在开会的时候，当大家对一个问题争论不下、得不出结论、陷入僵局的时候，运用六顶思考帽的方法就能有效地归纳总结每个人的观点，让参会人的讨论在一个结构化的框架下有效地进行，从而得出结论。

2. 如何使用六顶思考帽

六顶思考帽只是提供了一个思维模型，就像六个工具一样，读者可以根据具体讨论问题的需要，选择其中一个使用，或选择几个组合使用。就像盖房子一样，用不同的原材料可以建造出不同的房子，即使用同样的原材料，使用的方式和顺序不同，盖出的房子也可能不同。

场景1：要讨论一个新的方案是否可行，可以用以下组合方式。

白帽：展示背景、问题，收集数据、事实。

绿帽：针对问题提出创新性的解决方案和建议。

黄帽：讨论此方案的优点和价值。

黑帽：讨论此方案的风险和缺点。

蓝帽：总结优缺点、价值和风险，对方案进行决策。

场景2：要对产品研发流程进行优化，可以用以下组合方式，并且反复使用。

黑帽：目前产品研发流程中遇到的问题。

绿帽：有哪些可行的解决方案。

蓝帽：对方案进行评估，选择可行的方案。

黑帽：应用新的流程方案是否会出现新的问题。

场景3：一个项目完成后，对项目进行复盘。

白帽：对照目标谈结果，本次项目是否达成了最初制定的目标。

蓝帽：本项目有哪些不足和问题，以后如何改进。

红帽：每个人对项目有哪些收获和感悟，以后如何把同样的工作做得更好。

3. 六项思考帽的应用案例

四位大学同学想在学校宿舍区开一个迷你健身房，因为学校的健身馆太远，从宿舍来回需要花20分钟，而宿舍区又比较集中，有20多幢宿舍楼。他们想为那些想用20分钟时间健身但又不想去健身馆的同学提供最简单的健身器械和场地。

A同学组织B、C、D三位同学讨论开健身房的可行性。

（1）主持人角色：使用蓝色思考帽。

A同学作为会议的主持人，确定会议的目标、讨论的主题，控制会议的节奏，对会议整体的输出结果负责。

（2）所有参会同学：使用白色思考帽。

参会同学都站在客观的角度去分析和思考健身房的潜在客户数量、收益、成本、租金、人员工资、各自的时间投入。如果不同的同学就同一问题有不同看法，则需要论证相关数据的准确性，提供各自的证据，经过讨论得出合理的评估。

（3）所有参会同学：使用红色思考帽。

参会同学站在感性的角度去畅想如果有一家这样的健身房，会给同学们带来多少便利。参会同学对健身房的感受如何，他们是否愿意为这样一家健身房付出更多的时间和精力。这是大家的直观感受，不需要讨论是否可行或者论证对错。

（4）所有参会同学：使用黑色思考帽。

参会同学站在问题和风险的角度，提出开健身房可能遇到的问题，比如人流量少，同学们学习太忙没有时间去，租金成本高，场地能同时容纳的人员有限等。

（5）所有参会同学：使用黄色思考帽。

参会同学站在机会和乐观的角度，提出开健身房的好处，比如形式新颖，受同学欢迎；宿舍区比较集中，很容易推广，广告和营销成本低；可以给他们带来一笔收入；让他们很有成就感，等等。

（6）所有参会同学：使用绿色思考帽。

参会同学针对可能出现的问题及风险，提出应对策略。尽可能多地想出解决方案，按照有效性、成本等维度评估不同的解决方案。

（7）主持人角色：使用蓝色思考帽。

A同学作为会议的主持人，总结会议，组织大家做出是否做这个创业项目的决策。

附录2 ▶▶▶▶

关于开会方法的推荐图书

欧美和日本的学者及管理咨询师就"开会"这个话题写了很多图书,笔者在此对其中一些书做简单介绍,以供有兴趣的读者进一步阅读学习。

1.《开会的革命:会议效率倍增的学问》

[美]迈克尔·多伊尔、大卫·斯特劳斯,著,刘天佑,译

该书提出了一种"互动法"的会议模式,作者认为,一个良好的会议需要四个角色:主持人、记录人、参会人、经理/主席/管理者。

主持人:会议的交通警察和协调员、仲裁员。制定会议规则,对讨论内容保持中立,中止偏离议题的谈话,避免会议的激烈冲突,引导讨论围绕会议目标和议程进行。

记录人:快速、简明扼要地记下参会人的发言要点,不要遗漏或者曲解,最好通过白板或者投屏展示。记录的同时参会人可以监督记录人是否准确无误地记录了他们的观点。

参会人:对会议的议题发表意见,参与讨论,给出建议。

监督主持人和记录人,使他们保持中立,良好地履行职能。参会人是会议的主人,对会议结果负责。

经理/主席/管理者:他们虽然是会议中的最高职位者和最高决策者,但是也仅仅作为参会人发表意见和建议。如果会议没有取得预期的结果、偏离讨论或者最终需要做出决策,他们可以从参会人的身份切换到管理者的身份,对会议的进展提出自己的建议,并在自己的权限范围内做出决策。

互动法的特点在于对会议人员进行身份的设定,如果每个人都能很好地履行自身职责,则会议可以顺利进行。同时,不同的角色对其他角色形成了监督和制约,让他们能够良好地履行职责,且对于会议的"偏航"可以及时地纠偏,让会议回到正常的"轨道"上。

2.《会议管理:如何创造高效率会议》

[美]罗杰·摩司魏克、罗伯特·尼尔森,著,高维泓,译

该书主要聚焦于小团队如何高效开会这个主题,以一项长达 14 年的跟踪研究为基础写成,研究涉及了欧美主要国家科技类企业的 1600 位管理者及其员工的经验,包含微软、福特、IBM、通用等企业的管理者和员工,涵盖了作者从事企业管理顾问工作 60 多年所积累的经验和观察。

该书分为两个部分,第一部分对大多数企业开会的方式进行了分析,主要探讨大部分会议低效的表现和原因、会议中达成决策的方式,以及影响会议结果的一些隐性因素,如个性与性别。第二部分探讨如何通过减少会议次数来提高工

作效率，讨论了会议应该如何准备，管理者在会议中的职能，以及每个人在会议中的角色，如何让会议讨论有效率地进行。

该书还提供了开会过程中可能用到的工具，如会议通知模板、主持人的开场白、会议评估模板、参会人开会表现评价模板、会议效率评估表等，可以供会议组织者准备会议和对会议进行评估。

3.《贝佐斯如何开会》

[日]佐藤将之，著，张含笑，译

该书主要讲亚马逊如何开会，其中一些要点已经在本书中提过。

- 会议材料：以"1页纸"和"6页纸"呈现。
- 每个员工都需要具备写精简的文章的能力。
- 为了避免固化，会议材料不设置固定模板，保持不断进化。
- 会议前的15分钟默读。
- 有反对意见就要在会议上提出，达成共识就要全力投入。
- 工作任务、负责人、成果产出、衡量标准、时间节点都确定了，会议才算结束。
- 会议"瘦身"技巧：减少开会次数，减少会议人数，缩短开会时间，减少参会频次。

亚马逊的开会模式有其特殊的企业文化背景，但是不妨碍我们用"拿来主义"的态度进行学习。

4.《该死的会议：如何开会更高效》

[美] 帕特里克·兰西奥尼，著，陈佳伟，译

"如果不用开会的话，我会更加热爱我的工作。"大部分人都讨厌开会，甚至在自己主持会议的时候，都盼望"该死的会议"早点结束。但是如果讨厌开会，是不可能做出好的决策的，也不可能成功地管理组织。当想要萃取团队的集体智慧时，没有任何东西能够代替一场好的会议——一场有活力、有激情的思想交锋。而现实情况往往是，糟糕的会议几乎无一例外地导致糟糕的决策，而糟糕的决策又往往使团队表现平庸。

该书虚构了一个故事：一个电影编剧专业的实习生通过对公司经营层面会议的改革，让一家曾经辉煌但陷入困境的公司重新焕发了活力。

该书提出了一个有点反常识的观点：开会之所以低效、无聊，是因为缺乏冲突和戏剧性。电影之所以跌宕起伏，是因为有情节、有冲突、有悬念，会议主持人和管理者不应该回避冲突，而应该挖掘良性的、有建设性的冲突，比如公司遇到的一些挑战和困难、团队无法达成共识的议题。通过一定的情节设计，让会议围绕这些冲突展开，可以调动大家讨论的积极性和热情，最终做出高质量的决策。

5."向会议要效益"书系

[日] 堀公俊、加藤彰，著

该书系有四本，是笔者认为关于会议的图书里面最详尽、

最细致的一套。书中运用了大量的案例、实景照片、模型、方法、工具，既是开会实操指南，又是提高个人思维能力、表达能力、会议组织能力的教科书。

（1）《向会议要效益1：好会议是策划出来的》

该书主要讨论了如何策划一场研讨会：类似于当下流行的工作坊，就某个议题分不同的小组进行学习探讨。书中讲了工作坊的设计程序、会前准备、研讨过程。

（2）《向会议要效益2：视觉化你的会议》

高效的会议需要将会议可视化。传统的会议上参会人各自发言，记录人用电脑默默记录，可视化会议需要在开会时将大家的观点、建议在白板等工具上记录下来，让每个参会人都看得见，并且围绕这些记录去展开讨论，最终形成会议成果。

（3）《向会议要效益3：让会议抓住焦点》

该书讨论了会议中思考、发言、讨论以及主持人总结归纳的逻辑，可以认为是"金字塔原理"在开会中的应用和细化。如果每个人都能按照逻辑，清晰、晓畅地表达自己的观点，围绕会议目标进行有效的讨论，则会议会变得更加高效。

（4）《向会议要效益4：用会议激活团队》

该书讨论了在不同类型的会议中，如小型会议、培训型会议、行业交流会、大型集会，如何进行团队建设，如何破冰，如何促进成员的交流和互动，如何打造一个易于团队建设的会场环境，面对不同性格类型的人如何互动，团队建设常用的游戏以及需要的道具等。

6.《关键会议：设计重要对话，促进组织变革》

［美］克里斯·厄特尔、丽莎·凯·所罗门，著，李昕，译

所有的会议可以分为两类：关键会议和常规会议。涉及公司经营管理重要问题的讨论都可能是关键会议，关键会议的特点是所讨论问题的目标、边界、解决方案、成果产出很可能是不清晰的，而且通常很难通过一次会议就得出满意的答案。与此相反，部门的例会等会议可以认为是常规会议。

关键会议只有进行精心的设计和策划，才有可能达成会议的目标，就如同策划一场舞台剧一样。作者提出了一些关键会议需要遵循的原则。

原则1：明确会议目标。关键会议的目标只有三个：达成共识，提出可选的解决方案，做出决策。每次关键会议只能达成其中一个目标，不要试图在一次会议中达成多个目标。

原则2：纳入多元视角。要解决一个有挑战性的问题，仅仅靠一个人或者少数几个人是不够的，需要纳入不同专业、背景、利益诉求点的人员，让这些参与人在合适的环节参与、交流和碰撞。

原则3：设置会议议题。关键会议通常会设置多个议题，各议题环环相扣，从而一步步达成会议的目标。对于不同议题如何准备相关的材料，都需要进行策划和设计。

原则4：营造会场环境。营造出一种舒适放松的环境更有利于激发参会人的灵感和潜力。

原则5：创造参会体验。关键会议需要关注参会人的情

绪体验和心理体验。要能调动参会人所有的能力：逻辑思维能力、分析能力和创造能力。

7.《如何开会不添堵：消除拖延、误解与对抗的沟通协作术》

［日］榊卷亮，著，丁灵，译

该书以小说的形式讲述了如何进行会议准备、问题分析、沟通表达、群体决策，并通过小说中的人物塑造与场景设计来巧妙展现问题的界定、分析、讨论方法，以及意见的引导、策略整理等。该书提出了一些非常实用的开会方法。

- 在会议开始的时候就确认"结束条件"和"每个议题的时间安排"。
- 按照"发散—收敛"的流程开会。
- 分清哪些问题应该共同讨论，哪些问题无须共同讨论。
- 让没说话的人发言。
- 注重发言的清晰性，以便明确疑问、意见及顾虑。
- 会议结束后确认"决定好的事情"和"该做的事情"。
- 明确谁来负责做"该做的事情"，以及处理期限。

作者在"后记"提到：不管读多少书，知道多少方法，不实际着手去改变就没有意义。这句话对于本书同样适用。

高效开会思维导图

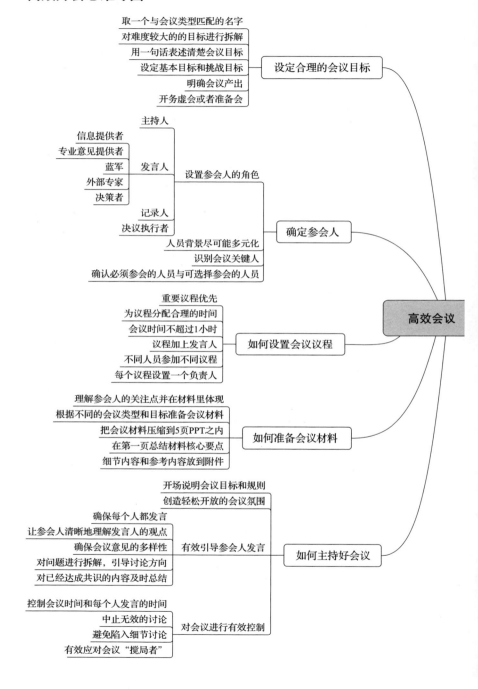

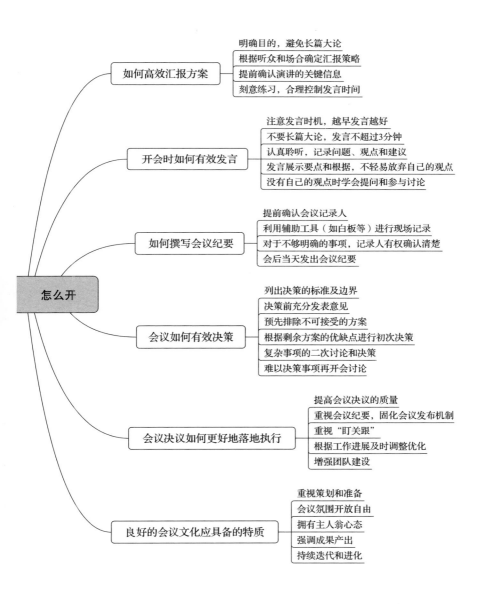